SITUATION DU PEUPLE OUVRIER

SA CIVILISATION, SON ERREUR
ET LE DÉSORDRE QUI EXISTE DANS SON
ORGANISATION SOCIALE

Par le citoyen DULUCQ
Simple travailleur

PRIX : 50 C.

DÉPOT DE VENTE
7 et 9, rue du Croissant
PARIS

LA LUMIÈRE POUR TOUS

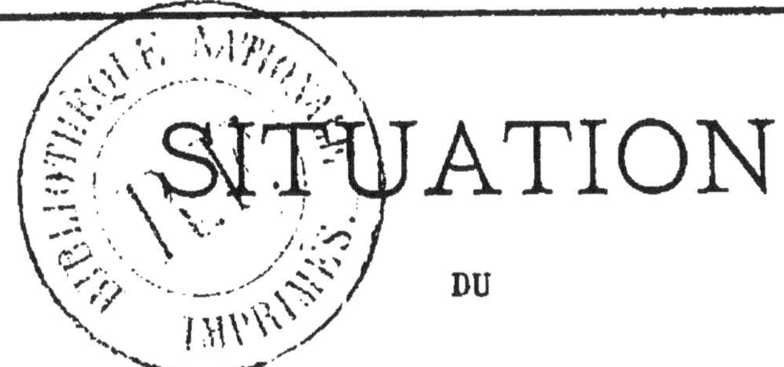

SITUATION
DU
PEUPLE OUVRIER

SA CIVILISATION, SON ERREUR
ET LE DÉSORDRE QUI EXISTE DANS SON
ORGANISATION SOCIALE

Par le citoyen DULUCQ
Simple travailleur

PRIX : 50 C.

DÉPOT DE VENTE
7 et 9, rue du Croissant
PARIS

SITUATION

DU

PEUPLE OUVRIER

Sa Civilisation et le désordre qui existe dans son Organisation Sociale

par le citoyen DULUCQ simple travailleur

Il y a déjà quelque temps que j'observe et que j'étudie la vie humaine, que je cherche la source d'où jaillit la torture et la misère que le peuple ouvrier a toujours endurées, et qu'il endure encore aujourd'hui autant que jamais. Vous dire que j'ai trouvé cette source néfaste, ne serait, de ma part, pas adroit, car l'instruction me manque pour pouvoir en sonder l'origine. Vous avez vu en tête de cet exposé ce que je suis, et vous pouvez juger par là des capacités que je dois posséder; mais, à force d'en voir et d'en entendre et même d'en endurer, j'ai fini par faire des réflexions qui me sont positivement personnelles, et ce sont ces réflexions que je viens ici vous exposer et soumettre à l'appréciation de tout le monde, car je m'adresse ici à tout le monde, sans

Je m'adresse cependant plus spécialement à la classe ouvrière dont je m'honore de faire partie, n'étant qu'un simple et humble travailleur, je ne suis pas embarrassé de vous le prouver; je connais toutes les misères et tortures de ma classe pour les avoir endurées moi-même, par conséquent j'en parlerai avec connaissance, car les misères de toute sorte que le pauvre ouvrier endure sont terribles, et il n'y a que celui qui a vécu et qui les endure qui peut en parler avec connaissance, et, comme je crois que le moment est venu de les exposer en public, j'ai résolu moi seul et sans le concours, ni le souffle de qui que ce soit, de me mettre à cette œuvre, et de l'exposer suivant les moyens de mes capacités et de mon intelligence, à partir de la racine jusqu'à son sommet, car depuis que j'observe, je n'ai pas vu encore un seul écrivain qui expose la vérité telle qu'elle existe.

Je n'ai cependant pas la prétention, bien loin de là, de seconder les écrivains de profession, puisque je n'ai jamais ni étudié, ni écrit, ni lu les histoires du passé ; mais je vous le répète, je viens vous exposer mes idées et ma pensée sur ce que j'ai pu apprécier par moi-même, par mes réflexions, sur ce que j'ai vu et entendu et ce que j'ai enduré et vu endurer à d'autres comme moi et, encore suivant mes idées personnelles, je veux exposer ici un moyen pratique pour faire disparaître la plupart de ces absurdités honteuses, je ne peux pas les qualifier autrement, qui ont toujours torturé la classe ouvrière et lui ont imposé la misère continuelle sur tous les points.

La classe ouvrière laborieuse n'a jamais eu le droit

de demander, pour la rétribution de sa fatigue et de sa sueur, que la misère et la torture, ou du moins il n'en est jamais résulté autre chose ; on a toujours maintenu dans les ténèbres et l'obscurité cette pauvre classe qui a toujours tout fait et de qui émanent toutes les richesses et fortunes accumulées, on lui a toujours tracé une limite avec défense de la dépasser sous peine d'être torturée. Qu'est-il arrivé à ceux qui, étant poussés pas l'indignation, ont voulu rompre cette limite ?

Ah ! vous le savez aussi bien que moi, la torture n'était pas loin pour paralyser leurs mouvements, et qui appliquait cette torture ? C'était encore nous, et c'est encore nous aujourd'hui qui le faisons par erreur. Je vous le démontrerai tout à l'heure. Oui, par erreur, car ce n'est que par l'erreur et l'absurde qu'on nous a toujours maintenus dans cette situation. De qui émanent cette erreur et cette absurdité ? c'est de cette instruction religieuse empestée, qui n'a été instituée que pour empoisonner les intelligences, surtout de la classe ouvrière.

Nous commençons cependant, après une si longue attente dans notre pauvre France, à avoir un souffle de liberté, et il va être enfin permis d'exposer la vérité et de la mettre à jour sous toutes ses faces, or il n'y a absolument que la classe ouvrière qui ait intérêt à ce qu'elle soit exposée clairement sous toutes ses faces, et c'est ce que je vais m'efforcer de faire en son nom, en la portant suivant mes moyens, à la connaissance de ceux qui l'ignorent.

La vérité et la justice, depuis que le monde est monde, couvent toujours dans l'obscurité et n'ont jamais été arborées que de nom, mais ces vrais principes couvent toujours et, pour moi, je crois qu'il est temps de les mettre en pratique, et je demande à vous tous, si vous n'êtes pas de mon avis. Cette justice et cette vérité ont été souvent arborées sous plusieurs formes et cependant, de vraie il n'y en a qu'une, et c'est justement celle-là qu'on n'a jamais appliquée. Puisque le moment est enfin venu de l'appliquer, il faut commencer par détruire ce qui est nuisible à son application, et il y a encore pas mal à détruire, mais si nous, classe ouvrière, nous nous mettions à l'œuvre, mais tous ensemble et d'un commun accord, la destruction ne serait pas longue.

Car le mal a toutes ses racines parmi nous, sachons le comprendre ; ces racines sont : notre désunion, notre ignorance et notre naïveté qui ont été semées et bien cultivées parmi nous et maintenant ces racines sont si profondes qu'il est bien difficile de les arracher. Et c'est par le procédé vil et honteux de nous empêcher de nous réunir, de nous associer, de fraterniser ensemble et de consulter nos propres intérêts, qu'on a eu la facilité de bien cultiver ces racines, qui sont si profondes aujourd'hui; mais nous n'avons besoin, pour extirper promptement ces racines, que du droit absolu de réunion et d'association, et nous n'avons que ceci à demander à nos législateurs libéraux : droit absolu de parole et de plume.

Voilà ce qu'il nous faut. Mais voilà ce que cette belle classe, cette classe dirigeante qui nous a toujours si bien dirigés, ne veut pas, et ce qu'elle combat avec une énergie sans pareille, car il y va de ses intérêts les plus sacrés. Pauvres ducs, comtes et princes, que je vous plains! le cœur m'en saigne. Oui, mes seigneurs, je vous plains du profond de mon âme, vous qui avez été toujours si habitués à faire de ce pauvre peuple votre esclave et votre martyr, vous qui avez toujours été habitués à lui imposer silence s'il voulait se plaindre de son sort, vous qui avez toujours été habitués à le torturer et le faire massacrer suivant votre bon plaisir, pour quelques caprices ou de viles ambitions; je vous plains de ce que ces méchants républicains, que vous outragez suffisamment, vous enlèvent ce droit si légitime, oui, mes chers ducs, je vous plains. C'est malheureux pour vous, pour vos beaux titres, que vous avez usurpés la plupart sur la misère du peuple, c'est malheureux que ce peuple ingrat ne se courbe plus devant vous, que vous ne puissiez plus le courber sous le joug de la torture. Ah! et qu'est-ce que vous voulez? A force d'en faire on finit par se fatiguer, et vous, mes chers ducs, vous devez être bien fatigués depuis le temps que vous travaillez, et cependant vous n'avez pas l'air de l'être encore, mais de crainte que votre fatigue ne vous accable, on va vous imposer le repos.

Vous l'avez bien gagné, ma foi. Oui, messieurs les tyrans barbares du peuple, on va vous imposer le repos, car il y a longtemps qu'on a commencé à creuser un trou et il est près d'être fini. Vos belles personnes n'y seront pas enfoncées, mais votre vile cause et vos viles aspirations vont y être ensevelies pour toujours; on va planter sur cette tombe maudite l'arbre de la liberté et de la justice. Et à vous, chers ducs, il ne vous restera plus qu'à descendre au rang de tous les citoyens, où aurait toujours dû être votre place légitime, et si vous voulez que le peuple vous pardonne vos exploits, il faut chercher à réparer le mal que vous lui avez fait. Il est temps que vous fassiez cette conversion, car le peuple a reconnu son erreur et si vous n'êtes pas décidés à faire cette conversion, chose dont je doute beaucoup, vous pourrez vous cacher; le peuple vous pardonnera mais il vous méprisera pour toujours; et vous ne pourrez pas vous justifier en disant que vous avez agi par erreur, car vous avez toujours agi avec connaissance de cause, et ceci devrait vous rendre impardonnables; soyez tranquilles, le peuple vous pardonnera, mais il vous regardera avec horreur et dégoût.

Ah! vous allez me dire, je me moque bien de vous, j'ai mes grandes et belles propriétés, mes beaux châteaux, mes caisses inondées d'or. Oui, c'est vrai, j'en conviens, mais moi, à mon tour, si je vous demandais par quels procédés vous êtes devenus possesseurs de toutes ces richesses, les avez-vous gagnées à la sueur de votre front? Oh, non, c'est trop fatigant pour vous. Si j'allais vous sommer de me prouver le procédé légal que vous avez employé pour entasser vos fortunes, vous seriez bien embarrassés pour me le prouver. Oui, il y en a quelques-uns qui ont eu à subir la fatigue. Mais la fatigue du travail qui a produit ces richesses, la fatigue de cultiver, de semer, même de récolter et encore d'aller mettre le produit dans la caisse du tyran, c'est toi, malheureux, qui a tout fait, et tu n'auras que la misère, et celui qui te regarde faire et qui te torture, si tu ne fais pas à son idée, aura tout.

Voilà votre beau procédé, et ce beau procédé dure depuis que le monde est monde.

Ah ! c'est bien vrai, si nous avions tous su comprendre ces grands hommes qui depuis si longtemps s'efforcent de nous faire comprendre notre propre erreur, il y a longtemps que nous serions délivrés de ces bourreaux, que nous aurions réussi à rompre ces chaînes redoutables. Ces grands hommes auxquels leur libéralisme a coûté l'exil, ces grands hommes qui ont préféré se laisser interner dans des maisons de torture, que de se soumettre à appliquer l'injustice, voilà des hommes qui ont du mérite et le peuple ouvrier leur doit une reconnaisance sans bornes.

Mais nous étions embourbés dans un tel fanatisme que nous avons eu grand peine à nous en sortir et malheureusement il y en a encore de trop qui ne savent pas comprendre. Mais le devoir qui s'impose à nous tous qui avons su comprendre et reconnaître notre erreur, est de travailler à convaincre et à éclairer ceux qui sont encore privés de lumière, pour faire tomber complètement toutes les branches qui restent de la monarchie et qui nous sont funestes au plus haut degré, et faire de ces barons, comtes, princes et marquis, de simples citoyens. Et si nous, Français, à présent que nous avons la faculté de le faire, nous qui avons le droit de dire que nous sommes le cœur des peuples civilisés, si nous savons donner un exemple modèle, vous verrez tous ces monarques s'écrouler de leurs trônes et être obligés de se ranger parmi tous les citoyens.

Qu'est-ce que c'est que tous ces rois, princes et seigneurs ?

C'est la misère pure de l'ouvrier, ils dissipent le produit de son travail et ne laissent pour lui que la misère. C'est l'ouvrier qui exécute à la sueur de son front toutes les matières premières de l'existence et pour toute rétribution, on le torture.

Voilà la vie, et vie qui dure depuis que l'être humain a été exposé à la lumière.

Quel est donc celui d'entre nous tous, classe ouvrière, qui pourrait encore se laisser influencer par leurs belles paroles douces, mais infâmes, et contraires à leurs pensées ? Méprisez-les, mais ne soyez jamais portés à la vengeance brutale, nous avons la vengeance morale à leur infliger, qui est bien plus terrible pour eux. C'est celle-là qu'ils redoutent, et s'ils viennent encore se présenter devant vous et vous solliciter sous quelque hypocrisie que ce soit, dites-leur de se retirer, que leur cause honteuse est déchue et ensevelie pour toujours.

Quel a été leur rôle jusqu'à ce jour, et par quel moyen l'ont-ils maintenu ? Je vais vous l'expliquer suivant mes moyens :

Ils ont d'abord usurpé leurs fortunes, leurs droits, leur autorité sur la misère et principalement sur l'ignorance de l'ouvrier. Voici un simple aperçu de leurs procédés et la première racine de leurs exploits.

La première racine, et la plus profonde, c'est l'instruction religieuse, jésuitique, dont presque tous, nous, classe ouvrière, avons été enveloppés jusqu'à cette heure ?

Quel est le développement que donne à l'intelligence cette instruction ? et surtout celle qui a été appliquée au peuple ouvrier ?

Ce développement consiste, non à éclairer les intelligences de la vraie lumière, mais à les maintenir dans l'obscurité, l'insouciance, et nous dégoûter complètement de la vie, naturellement pour pouvoir en profiter e ux et leurs vénérables maîtres qui leur imposent le mot d'ordre.

Que nous prêchent ces noirs fanatiques? Toujours la même chose : qu'il faut adorer Dieu et la Très-Sainte-Vierge et ne penser qu'à eux. Heureux celui qui souffre, heureux le pauvre, le royaume des cieux lui appartient, et pour le temps que nous avons à vivre, il faut prendre les souffrances avec patience. Quand vous aurez quelque chose qui vous chagrine, venez me trouver, je vous consolerai, venez au pied de Jésus et Marie prier et vous serez exaucés.

Voilà le développement que donnent à la classe ouvrière, ces comédiens qui ont toujours pris l'enfant au berceau et cultivé jusqu'à sa majorité. Je vous en parle savamment puisque, moi-même, j'ai subi ces tortures.

Ces êtres eux-mêmes fanatisés au plus haut degré, et qui n'ont pour mot d'ordre que de faire à leurs semblables ce qu'on leur a fait à eux-mêmes. Ce n'est pas positivement à eux que j'en attribue la plus grande responsabilité ; car l'être humain devient ou à peu près, homme, suivant qu'on développe son intelligence et ces fanatiques qui appliquent l'instruction au peuple ouvrier, ne sont absolument que les instruments du grand pape infaillible, et de tous ces rouges, bleus, blancs, noirs, gris, roux, qui l'entourent, car il y en a de toutes les couleurs. Ils plient ces pauvres instruments, qu'ils recrutent dans la classe ouvrière, sous le joug du fanatisme le plus absolu qui tourne presque à l'idiotisme. Pour les y engager, on leur a toujours donné une existence douce, pleine de privilèges, et ils ont été jusqu'à ce jour les rois et les dieux sur cette terre, et comme ce grand Chambord, qui a toujours rêvé ce grand trône de France, et à venir imposer au peuple sa volonté et ses caprices, l'a toujours dit : « il faut que Dieu règne en maître, pour que je puisse régner en roi », ce Dieu, qui a plusieurs père, fils et Saint-Esprit, mais qui ne fait qu'un seul tout, ce sont ces dieux que je vous cite plus haut, mais malheureusement, comme ce Dieu en plusieurs personnes, qui ne font qu'un seul, ne règne plus en maître, ce grand homme va voir son rêve s'évanouir sans pouvoir le réaliser.

Ce n'est peut-être pas lui qui en est le plus affligé, mais ce sont ses partisans qui s'en mordent les pouces ; je les plains beaucoup, cependant je n'en pleurerai pas, soyez-en convaincus.

Voilà sous quel joug et dans quelles conditions on a développé la raison de l'enfant, jusqu'à cette heure dans la classe ouvrière ; l'âge de vingt ans arrive, on va chercher ces jeunes gens sous leurs toits paternels, à l'âge où ils n'ont encore aucun usage de la vie, on les réunit par troupeaux, on les caserne au loin pour qu'ils soient complètement dépaysés, et là, sous le joug de règlements terribles et barbares, transformant ces jeunes gens en instruments et machines à tout faire, on les met à ce point qu'ils n'ont plus aucune conscience de leurs actes.

Qu'est-ce qu'a été un soldat jusqu'à présent? Un instrument, une machine à tout faire, qu'on faisait mouvoir par la parole, qui remplaçait un mécanisme, on les tenait six ou sept ans sous ce joug misérable, et quand ces pauvres jeunes gens, innocents et naïfs, étaient bien traqués et pliés, à la fin de leur congé, on en faisait des gendarmes et des agents de police, pour s'en servir contre le malheureux qui voudrait quelquefois se révolter contre l'injustice.

Le soldat a toujours été le rempart de cette hideuse aristocratie ; c'est derrière lui qu'ils se sont toujours cachés, et c'est avec lui qu'ils ont toujours maintenu l'arbitraire, l'injustice et l'ouvrier dans la misère et la torture. C'estle pauvre soldat qui joue le grand rôle dans le monde entier. S'il avait la conscience et la véritable connaissance de ce qu'il défend, on n'en aurait pas fait ce qu'on en a toujours fait ; car c'est toujours nous-mêmes, classe ouvrière, qui avons fabriqué les fouets et qui nous sommes fouettés à coups redoublés, par l'erreur où cette aristocratie a toujours su nous maintenir ; je vais vous en donner une simple preuve :

Nous tous, ouvriers, nous voyons que, quand une corporation s'indigne, poussée à bout de forces, et qu'elle veut réclamer ce dont elle aurait besoin pour ne pas se priver de son nécessaire, que fait-on ? on a tout de suite recours à la police et à l'armée ; cette police et cette armée, c'est nous tous, ce n'est que dans notre classe qu'on les prend, pas ailleurs.

Combien parmi ces pauvres ouvriers qui veulent réclamer leur sécurité en travaillant, y en a-t-il qui ont des enfants sous les armes ? Ils peuvent se dire ceci : c'est mon fils qui m'arrête et m'empêche de réclamer mon droit, qui me jettera dans les cachots si je bouge : ce n'est pas son propre fils, mais il en fait peut-être autant au père de ce fils qui est en sa présence, prêt à se servir de ses armes contre lui, au premier signal de son chef.

Voilà l'erreur des peuples, et voilà le jeu qu'ont toujours fait de nous ces rois, princes et seigneurs que nous avons eu la naïveté d'adorer jusqu'à ce jour, et croire que leurs mensonges étaient la vérité. Voilà d'après moi la vraie source de nos maux.

Croyez-vous que ces êtres sont plus que nous ? Croyez-vous que c'est la nature qui les avait choisis pour porter de belles couronnes sur leurs têtes. Non, chères concitoyennes et concitoyens, le droit de la nature est le même pour tous, et il n'y a pas un seul être sur cette terre qui soit destiné à flageller et torturer son semblable.

Nous avons tous une raison, il ne s'agit que de bien la développer : il ne s'agit que de remplacer le mensonge par la vérité ! Comme je vous le dis plus haut, la vérité couve toujours dans l'obscurité, et l'exposer tout entière, c'est la fin complète et l'anéantissement complet de la tyrannie. Je crois que le moment est venu.

Qu'est-ce que c'est que la politique qui joue un si grand rôle dans le monde entier ?

La politique, c'est faire croire au peuple ouvrier qu'il ne trouvera son bonheur que dans la misère. Et cependant, si ces messieurs les princes avaient su rester unis, (ce n'est pas que je regrette leur désunion), ils auraient eu quelque chance de se maintenir plus longtemps, car c'est leur désunion qui a devancé leur déchéance complète en France, chose dont nous devons tous nous réjouir, mais comme ce poste du trône était si succulent et grandiose, mais cependant peu honorable ; mais l'honorabilité, peu leur importe, pourvu qu'ils puissent braver leurs ambitions n'importe par quel moyen. Et c'est pour cela que ces beaux messieurs se faisaient concurrence et sans se rendre toujours compte exactement de leurs bêtises. Ils ont fini par tomber dans le gouffre de la honte, pour ne plus jamais se relever, et toujours grâce à ces vétérans dévoués à l'humanité qui ont su saisir toutes les occasions pour nous éclairer.

A ces grands citoyens, vétérans de la liberté et de la lumière, le peuple ouvrier doit aujourd'hui toute sa reconnaissance et c'est à eux que revient de droit d'être nos guides et nos pères, et nous devons tous les porter en triomphe.

Nous, classe ouvrière, si nous donnons un coup d'œil sur l'existence, et si nous réfléchissons un peu à tout ce que nous pouvons dire, nous dirons, et avec raison, que c'est le travail ou le produit du travail qui est l'existence du monde entier.

D'où proviennent toutes ces fortunes et richesses accumuulées ?

Qui maintient ce qu'on appelle les états et tous ces êtres humains qui sont si haut placés, galonnés d'or et d'argent, et avec des salaires si somptueux et exorbitants ? Qui maintient tous ces rois, empereurs un pape infaillible et tout leur entourage ! Ces êtres qui ne peuvent habiter que des palais ornés de tous les luxes les plus grandioses et qui ne peuvent marcher qu'en se faisant traîner dans des calèches conduites par des esclaves. Qui les maintient à cette belle position ?

C'est nous tous, ouvriers, par notre ignorance, ou

ce sont les bras de l'ouvrier et la sueur de son front, et, pour toute rétribution, on lui donne la misère et la torture, comme je vous l'ai déjà dit : et ils nous font prêcher par leurs courtiers si dévoués : Heureux le pauvre et celui qui souffre, le bonheur l'attend.

Rendez-vous compte s'ils suivent les principes qu'ils nous prêchent ; ils commencent par prendre le bonheur ici-bas en attendant.

Voilà donc où l'absurde et la naïveté nous ont toujours maintenu ; et dire qu'il y en a encore bon nombre dans notre pays qui en sont encore à ce point arriéré ; mais ils ne se contentaient pas de nous le prêcher ; ils avaient des lois infâmes et honteuses à appliquer au besoin à l'incrédule ou à celui qui avait la tête dure, et ses instruments, toujours prêts à bondir sur leurs semblables à leur premier signal.

Ces instruments, vous devinez quels ils sont : ce sont ces pauvres malheureux soldats transformés ; et ces soldats, qui sont-ils ? c'est nous tous, comme je vous l'ai déjà dit. Voilà où conduisent la naïveté et l'ignorance des peuples, qui se laissent influencer par cette bande aristocrate et lui donnent le pouvoir et les instruments pour nous torturer.

Voyez par quels procédés cette classe nous a toujours dirigés, et ils prétendent encore aujourd'hui que c'est eux seuls qui en sont capables.

Pourquoi y a-t-il tant d'êtres humains sous différents costumes ? c'est pour étourdir le pauvre qui tremble sous leurs yeux.

Quelle est l'utilité que l'un se cache sous une roupille rouge, l'autre bleue, l'autre blanche, l'autre noire, l'autre avec des habits coquets galonnés d'or? Que cachent tous ces différents costumes? des hommes et des femmes comme nous tous, et rien de plus, mais qui sont destinés à faire croire à l'ouvrier, et même le lui imposer, qu'il était destiné à rester dans cette situation sans d'autres ambitions.

On dit dans notre pays que l'habit ne fait pas le moine, et cependant, jusqu'à l'heure présente, on nous a imposé, sous peine de torture, de respecter l'habit, sans nous rendre compte et sans même chercher à se rendre compte si ce qu'il y avait dedans était pourri ou sain; et je peux bien dire que dans ce respect imposé par la force brutale, il y en avait la plupart qui, s'ils n'étaient pas complétement pourris, étaient sérieusement attaqués par la pourriture; c'était leur rôle et leur mot d'ordre pour profiter du travail de l'ouvrier sans avoir eux-mêmes à se courber à la hauteur de l'outil.

Voilà, chers concitoyennes et concitoyens, un aperçu de cette vie qui a pu durer jusqu'à cette heure, et qu'on n'avait pas le droit d'exposer ; je fais tout mon possible et j'emploie toute l'action et la réflexion que je possède pour vous faire comprendre à tous ce qui existe.

Certainement que cet exposé aurait été mieux fait par des écrivains de profession qui certainement y trouveront à dire ; mais vous pourrez dire que c'est le vrai organe ouvrier qui vous parle, qui n'a d'autre but ni ambition que de vous faire comprendre à tous vos propres intérêts et vous indiquer où est le mal qui nous a toujours rongés et qui nous ronge encore aujourd'hui et qui n'a d'autre but que de vous indiquer le vrai moyen de franchir cette barrière barbare, qui nous a toujours fermé le droit et la justice.

J'ai été comme la plupart d'entre vous élevé, je vous l'ai dit, dans une obscurité tortueuse, et ce n'est qu'à l'âge de vingt-deux ans que j'ai quitté le toit paternel, car il me semblait que ce n'était pas la vraie lumière qui m'éclairait, et je me suis rendu compte que j'étais dans le vrai.

Eh bien, je viens ici demander à toute la classe ouvrière entière si vous n'êtes pas d'accord avec moi pour faire disparaître toutes ces choses abominables ; ne croyez-vous pas que nous qui faisons toutes les matières premières de l'existence qu'il serait temps de savoir revendiquer et de savoir ouvrir enfin cette porte du droit et de la justice qui nous a toujours été fermée ? Croyez-vous qu'il n'est pas grand temps de savoir réclamer notre sécurité que nous n'avons jamais possédée ? Nous sommes des ouvriers, et nous voulons travailler, mais nous voulons travailler en vrais citoyens libres, et nous ne voulons plus être les instruments de nos patrons possesseurs des capitaux, qui vivent du produit de notre travail ; nous ne voulons plus qu'un homme, par intrigue ou par ruse, puisse abuser du naïf et de l'ignorant ; d'ailleurs à l'avenir, et sous peu, il n'y aura plus de naïfs.

En un mot, nous voulons que le travail rapporte le nécessaire à celui qui l'exécute à la sueur de son front ; nous voulons que le vrai droit et la vraie justice s'appliquent rigoureusement à tous les humains, mais sans exceptions, et nous voulons que les priviléges soient rigoureusement ensevelis pour toujours, car ils n'ont jamais servi qu'à désunir le peuple et le porter à la haine et à la vengeance.

Ne croyez-vous pas encore qu'il est grand temps de faire disparaître tous ces fantômes qui se cachent sous différentes roupilles!

Qui les paye? Qui les nourrit? Qui entretient et fait construire leurs beaux palais? N'est-ce pas nous, à la sueur de notre front? et qui sommes souvent obligés de nous priver de notre nécessaire pour eux. Croyez-vous qu'il n'est pas grand temps d'en finir avec tous ces abus qu'on fait de nous et avec nous?

C'est le travail qui est le roi de l'univers et c'est l'ouvrier qui l'exécute; donc nous avons plein droit de demander la sécurité qui nous appartient; il ne s'agit que de savoir employer ce droit.

Je vais vous exposer encore ici une source très-abondante d'où jaillissent nos maux les plus terribles : c'est de ce désordre et de cette désunion qui existent dans notre classe ouvrière; je vous ai dit que ce désordre avait été semé et cultivé parmi nous autant que possible par cette classe dirigeante qui nous a toujours si bien dirigés, et pourquoi, parce qu'elle y avait des intérêts les plus sacrés; oui, cette désunion, ce vice, cette débauche qui dévastent et qui empestent notre classe; ce sont ces misérables qui en sont les auteurs, pour s'en faire une arme terrible et épouvanter les honnêtes gens, et ces mêmes êtres en ont toujours abusé par des infamies honteuses et tristes à exposer.

Ne voyez-vous pas cette quantité d'êtres si considérable qui viven parmi nous comme des sauvages, et qui n'ont pour ut bien-être que le vol, le pillage et l'assassinat au besoin? Ne voyez-vous pas qu'on les tolère et qu'on les soutient au besoin? Ne voyez-vous pas le jeu qu'on a toujours joué avec nous? Ne voyez-vous pas les jeunes gens de cette classe maudite, qui n'ont rien à faire que de courir après tous les plaisirs, faire des victimes à tort et à travers pour assouvir leurs passions et jeter des malheureuses dans la boue? Ils s'en font un jeu et ils s'en amusent; ils sont contents et satisfaits quand ils ont fait des victimes, parce qu'ils n'encourent aucun danger ni aucune responsabilité.

Quelques hommes compétents avaient donné un coup d'œil à ces crimes barbares, et avaient proposé d'accorder la recherche de la paternité, mais on s'est moqué d'eux et ils ont été repoussés presque comme des imbéciles.

Moi je dis que ces hommes étaient dans le vrai mais malheureusement il n'y en a pas beaucoup. Un journal à un sou, qui tire 600,000 exemplaires par jour, et cependant ce ne sont pas les bourgeois qui le lisent, criait et disait: Et que feraient ces jeunes gens, ces jeunes étudiants quand ils rentreraient chez eux avec quelque condamnation de cette nature? Leur avenir serait perdu. Pauvres jeunes gens! Mais ce journal qui déborde de zèle pour les bourgeois, les victimes de ces jeunes gens, peu lui importe qu'elles roulent dans le ruisseau et la boue, pourvu que ces jeunes fils de bourgeois restent intacts et que leurs crimes passent inaperçus et impunis.

Voilà le patriotisme et l'humanité de ce journal qui dit soutenir la classe ouvrière, et toutes ces choses honteuses ne s'opèrent que dans notre classe ouvrière, il n'y a que nous qui en sommes victimes, et c'est toujours sur nous que la misère tombe.

Ne voyez-vous pas cette quantité de malheureuses, qui roulent dans la boue, dans tous les coins de la capitale, où on butte à chaque pas et à toute heure de la nuit. Croyez-vous qu'elles appartiennent à la noblesse ? Non, elles appartiennent à notre classe, et la plupart est le produit des exploits que je vous cite plus haut. N'est-ce pas honteux et misérable? ne voyez-vous pas cette quantité de misérables, cités plus haut qui vivent avec celles-ci, de vols, de rapines de toutes sortes, et même de crimes.

On les met incapables à faire autre chose et on les relâche parmi nous, pour s'en faire un jeu et un amusement. Il est temps que tout ceci soit exposé au grand jour, et que nous puissions tous nous rendre compte de la vérité.

Avons-nous besoin que ceci existe parmi nous? y avons-nous quelque intérêt ? quels sont les honnêtes gens qui ne peuvent frémir de toutes ces hontes, et qui ne désirent les faire disparaître? pourquoi laissez-vous exister cette quantité considérable de misérables, qui ne font que propager le mal? Pourquoi les laissez-vous au milieu des honnêtes gens?Quelle en est l'utilité?

Il y en a bon nombre qui ont subi des 15 et 20 jugements, vous savez parfaitement bien quand vous les relâchez que ce n'est que pour vous remettre à leur poursuite puisq'uils n'ont d'autres moyens d'existence que le vol, c'est donc clair comme le jour, que vous vous en faites un jeu et un amusement.

Voilà dix ans que nous sommes soi-disant sous un régime démocratique, et toutes ces hontes qui devraient faire saigner tout cœur humain, se passent ici dans cette cité, où est instituée la direction du gouvernement français. Voici encore dans toute leur splendeur les chefs-d'œuvres que ce misérable qui a été périr dans l'exil, nous a laissés comme héritage. Voilà cependant un amusement qui nous coûte cher à nous tous honnêtes gens contribuables, car la maison qui fait ce beau commerce à la mode du jour, nous coûte 22 millions de francs qui n'est pas peu de chose, ce sans compter les accessoires. Voilà le jeu qu'on fait avec le pauvre ignorant.

Il y a des lois qui ne sont fabriquées que pour lui, car il n'y a que lui qui est frappé ; et voici comme on introduit l'homme dans la voie du vice, de la débauche et du crime.

Pour une simple parole, ou pour quelque vivacité la plupart sans la moindre importance, vous déshonorez un homme en le traduisant en police correctionnelle, où on le condamne à une amende et quelques jours de prison qui varient. Cet homme quand il sort de cette maison maternelle, se voit déshonoré et n'ose plus se présenter devant les honnêtes gens.

Qu'est-il obligé de faire lui qui n'a que son travail pour tout soutien. Peut-il aller se présenter chez un patron avec un certificat de Mazas ? Croyez-vous qu'il l'occupera ? Non ! il le repoussera comme malfaiteur, et cependant il faut que cet homme mange. Quand le besoin le pousse à bout, il est obligé soit de se détruire ou de voler, il n'a qu'à choisir entre les deux.

Il y en a qui ayant de l'amour-propre, poussés par l'honnêteté, n'osant pas se présenter devant leurs parents, ni devant le monde, se détruisent ; d'autres plus ambitieux et désireux de conserver leur vie se vengent personnellement, ou se mettent à voler. Naturellement on les reprend, et comme ils ont un certificat de la maison on les garde un peu plus longtemps, on les relâche et naturellement ils s'en vont tout droit recommencer et s'associer à d'autres semblables, et voilà ces bandes qu'on est toujours à courir après ; on les reprend, on les relâche et ainsi de suite, et voilà où l'on consomme 22 millions, et voilà d'où proviennent la plupart de ces suicides et vengeances de toutes sortes. C'est de l'injustice qu'on fait subir au pauvre malheureux qui n'a aucun moyen de défense ni de se faire rendre justice.

Le pauvre parce qu'il n'a pas d'argent pour payer les avocats est obligé de subir la torture à tort ou à raison, et voilà la justice légale qu'on arbore, qui nous régit encore aujourd'hui, et qui nous a toujours régi sous tous les monarques.

Qu'est-ce qu'on voit depuis bien longtemps ? Des vols et crimes de toutes sortes, et par tous les procédés les plus ingénieux du monde.

Vous voyez cependant que ces chiens de chasse qui ont le nez si fin, et qui connaissent si bien leur métier, qui font des razias superbes, tantôt ils ont pris la bande rousse, tantôt la bande noire et ainsi de suite ; oui c'est vrai, mais ils ont beaucoup d'esprit et beaucoup de prévoyance, et pour s'assurer le pain du lendemain quand ils amènent une bande de 20 à 25 qu'ils font rentrer par la porte de devant, ils ont le soin d'en lâcher autant ou plus, par la porte de derrière, qui sont absolument de la même confection ; mais aussi vous voyez tous, que plus on en prend, plus les crimes augmentent.

Ne croyez-vous pas vous tous, honnêtes gens comme moi, qu'il serait temps d'enlever ce voile qui cache toutes ces hontes et qui devrait faire rougir de honte ceux qui en sont les auteurs ? et surtout à présent qu'ils voient que tous leurs trucs vont être mis à jour.

Je vous demande à vous tous qui êtes les auteurs de ces barbaries honteuses. Par quel droit avez-vous toujours agi ainsi envers nous, et comment pouvez-vous avoir l'audace de prétendre continuer vos exploits ; vous faites des efforts désespérés mais inutiles, et le trou est creusé déjà, où toutes vos orgies vont être enfouies, et vont être écroulées par le poids de cette honte que vous ne pouvez plus porter.

Nous voilà donc enfin en bonne voie vers le but de la lumière et de la justice et où tout citoyen aura enfin le droit de réclamer son droit et sa sécurité, et où tous ces abus vont disparaître pour faire place à la vérité et à la justice, seule chose qui aurait dû toujours exister.

Quel est le devoir qui s'impose à tous les hommes compétents, à qui la France a donné la République en mains.

Leur devoir le plus sacré est de faire exécuter les vrais principes républicains.

La République a pour devise, liberté, égalité, fraternité, et le peuple sait ce que cela veut dire, et c'est dans le but de suivre ce programme que vous lui avez promis, qu'il vous a donné le pouvoir.

Quels sont les vrais principes ds la République : c'est le droit légal, la justice légale, la vérité et l'émancipation légale pour tous citoyens, anéantissant pour toujours cet arbitraire et cette injustice qui ont été jusqu'à l'heure présente, la légalité pour nous.

Le premier devoir qui s'impose aux hommes compétents et dévoués à l'humanité, c'est de mettre un ordre à ce désordre qui existe parmi nous comme je vous l'ai déjà démontré, qui est un des maux dont nous souffrons tous si cruellement et depuis si longtemps, et c'est cela que nous devons tous demander à haute voix ; qu'on purge donc la société, qu'on dé truise ce ver rongeur qui nous dévaste.

D'où provient la décroissance de notre peuple? Comment se fait-il qu'il n'y a plus dans la jeunesse que des hommes stériles ? C'est ce vice, cette débauche qui est autoriséeenplein public et devant les en fants de tous les âges, qui en est la cause principale et qui ronge la jeunesse et qui si on y met pas un terme finira par la pourrir complétement. Je suis très surpris que des hommes compétents, n'aient pas donné un conp d'œil à ces choses si tristes, et n'aient pas donné l'alarme, ce sont des questions de la plus haute importance et de gravité, car il y va de l'avenir du peuple. Je fais donc appel ici à tous les honnêtes gens et je leur demande si nous n'avons pas tous un intérêt capital à faire cesser toutes ces hontes qui ne font pas honneur à un peuple qui doit être comme nous le cœur des peuples civilisés.

Que peut-on supposer quand on voit cette quantité d'êtres si considérables parmi les honnêtes gens, qui ne sont absolument que pour faire le mal et le propager? N'avons-nous pas le droit de dire qu'on joue avec nous comme les joueurs de billard avec leurs billes.

J'ose donc espérer de nos représentants libéraux de la République qui n'ont d'autre but que le bien être du peuple, qu'ils n'hésiteront pas à attaquer ces questions avec énergie et qu'ils se feront un devoir de faire cesser ces abus le plus tôt possible, car c'est une chose des plus urgentes. N'oubliez pas que la République c'est le peuple, et ce peuple a le droit de lui demander la sécurité qui lui est due, et de faire disparaître pour toujours ces procédés barbares qui n'ont jamais servi qu'à le flageller ; mettez-vous donc à l'œuvre sans retard, ne craignez pas d'attaquer les questions en face et à découvert, et de viser droit au cœur, vous serez appuyés par tous les honnêtes gens, qui vous béniront et vous porteront en triomphe, quand cette grande œuvre sera accomplie.

Montrez donc à ces ex-princes et seigneurs qui sont là qui pleurent, mais qui vous outragent et vous adressent toutes sortes d'injures personnelles, ainsi qu'à la République dont vous êtes les représentants.

Montrez donc à cette classe qui vous maudit, que vous êtes capables de faire ce qu'eux n'ont jamais fait.

Montrez leur, à ceux qui crient au viol quand on leur fait quelque simple brèche, à leurs ignobles remparts, prouvez leur que ces remparts étaient destinés à défendre l'arbitraire et l'injustice, et que vous rendez le plus grand des services au peuple en les démolissant.

Montrez leur, à eux qui prétendent que la République perdra la France, prouvez leur que la République la sauvera, et ne fera que perdre leurs privilèges honteux, et c'est cela qu'ils pleurent.

Montrez leur que la République pour se faire respecter de son peuple, n'a pas besoin de la force brutale et que c'est par la raison qu'elle se fera respecter parce qu'elle n'aspire qu'au droit légal, à la justice légale et à la vérité.

Montrez leur encore que la République n'a pas besoin de transformer ses enfants en instruments ou machines à tout faire, pour s'en faire comme eux un rempart, et se cacher derrière comme des voleurs.

Montrez leur que la République veut que tous ses citoyens agissent avec connaissance de cause, et en un mot abolir l'injustice qu'ils faisaient exécuter avec ces malheureux innocents transformés.

Montrez leur encore que vous travaillez à abolir tous ces canons Krup, toutes ces mitrailleuses et chassepots, et que votre idée positive est de remplacer toutes ces armes meurtrières par la raison, et que votre but est d'arriver à la paix universelle.

Voilà des leçons qu'on devrait leur donner ; vous les verriez tous dégringoler, et n'oser plus rien dire, et se sauver bien vite se cacher dans leurs châteaux, et ils diraient : « Notre comédie est complétement finie ; il ne nous reste plus qu'à faire volte face. »

Travaillez donc avec énergie dans ce but, vous tous, représentants libéraux, appliquez à tous les mêmes droits et les mêmes devoirs ; abolissez ces privilèges, qui n'ont jamais servi qu'à désunir le peuple et à l'exciter à la haine, à la vengeance et au crime ; instruisez la jeunesse, les jeunes gens, dans ces vrais droits et devoirs de citoyen et d'homme, et les jeunes filles dans ces vrais droits et devoirs de femme, et donnez à la femme son droit : qu'elle ne soit pas à l'avenir ce qu'elle a été par le passé, c'est-à-dire une esclave. Faites instruire la jeunesse par de vrais et bons pères et mères de famille, et non par cette quantité de fantômes, qui se cachent sous différentes mantilles et qui se croient d'une autre nature que nous, et dont l'instruction consiste, non pas à éclairer, ni à développer les intelligences, mais autant que possible à les maintenir dans l'erreur, l'obscurité et la naïveté.

Il faut que toutes ces mantilles tombent, et que toutes ces grandes maisons de torture disparaissent. Ce sont des frais qui nous coûtent cher, et qui nous sont funestes au plus haut degré. Les vrais pères et mères de famille s'efforceront de mettre la jeunesse sur le vrai et bon chemin qu'eux-mêmes ont suivi, pour l'être à leur tour. Et voilà par quel moyen nous arriverons tous en plein jour.

Je vous engage donc tous, vous qui appartenez à la classe ouvrière comme moi, à ne faire instruire vos enfants que par de vrais et bons pères de famille, si vous voulez qu'ils le soient à leur tour. Empressez-vous donc, vous qui les avez encore entre les mains de ces fanatiques, qui ne connaissent que ce qu'on leur a cloué dans la tête, c'est-à-dire l'absolutisme, qui tourne presque à l'idiotisme. Retirez-les de cette obscurité, pour les mettre à la lumière. Ne croyez plus leurs belles paroles douces, mais la plupart hypocrites.

Comment voulez-vous qu'ils instruisent bien la jeunesse ? Comment voulez-vous qu'ils puissent leur indiquer le vrai moyen d'être plus tard de vrais et bons pères de famille, puisque eux-mêmes ne le connaissent pas.

Ils sont là, positivement, comme je vous l'ai déjà dit,

pour maintenir la classe ouvrière entière dans l'obscurité, l'ignorance, nous dégoûter complétement de la vie, et pour appaiser, avec leurs paroles douces et flatteuses, les esprits qui voudraient quelquefois se révolter contre l'injustice. Et tout ceci, pour quel but? Pour que cette aristocratie, dont ils sont les instruments dévoués, puisse nous exploiter à son aise et en toute sécurité, et que, quand nous avons cultivé, semé et tout fait à la sueur de notre front, ils puissent venir récolter le produit de notre travail pour eux, passer l'existence dans tout ce qu'il y a de plus doux et luxueux dans la vie humaine, et quand ils passent à côté de nous, ils ne nous regardent pas, ou s'ils nous regardent, c'est avec mépris.

Voilà donc où l'instruction religieuse nous a toujours conduits. Je fais mon possible pour vous expliquer ceci, car mon grand désir serait de vous persuader tous, et de vous faire comprendre l'intérêt que nous avons à savoir nous séparer de cette classe maudite, qui n'a jamais fait que notre malheur, et qui nous a toujours tenus dans l'ignorance et l'obscurité. Et nous seuls nous pouvons les faire tomber, en ne plus leur confiant nos enfants et en n'assistant plus à leur comédie dans leurs théâtres. Voilà la vérité ; sachez tous la comprendre et la mettre en pratique.

Que devons-nous donc demander de plus pressant, nous tous, classe ouvrière ?

Qu'on purge notre société, qu'on ramasse tous ces chiffons qui roulent dans la boue ; qu'on détruise cette peste et ce ver rongeur, qui pourrit et dessèche la jeunesse ; qu'on les envoie tous dans nos France d'outre-mer, où il y a des terres incultes, qui n'attendent que des bras pour les travailler.

Utilisez donc ces bras, qui ne servent ici qu'à commettre des crimes, à les faire travailler des terres incultes qui produiront.

Ne croyez-vous pas qu'il serait préférable de les faire travailler et, autant que possible, revenir au bien, que de les faire pourrir dans ces monuments, noirs, sinistres, qui font horreur à tout homme de cœur ?

Ne serait-il pas facile d'établir un pénitencier en plein air, dans un désert de notre Afrique, et les y envoyer tous, plutôt que de les laisser ici.

Vous savez tous que je ne vous dis ici que la plus exacte vérité. On organise une bande considérable de misérables au milieu d'une société honnête et laborieuse, qui nous met tous en péril à chaque instant.

Si, jusqu'à l'heure actuelle, tout n'a été que des abus et trucs qu'on n'avait pas le droit d'exposer, ce temps est passé, et le moment est venu de les faire disparaître. Ce sont toutes ces hontes que je vous cite ici qui portent le peuple à la haine, à la vengeance et au crime.

Remplacez donc toutes ces hontes par la vérité, et vous verrez apparaître devant vous un peuple nouveau, et vous n'aurez plus à avoir peur de lui. Démolissez donc les trois quarts de ces monuments noirs, redoutables et insalubres, et avec le produit de ces terrains, faites construire un pénitencier en plein air dans les déserts de notre Afrique, et y envoyez cette vermine, qui empeste la France, et principalement Paris, qui dessèche la jeunesse et qui met en péril tous les honnêtes gens. Il faut que la jeunesse soit instruite dans ses vrais droits et devoirs, pour que, quand elle arrive à l'âge majeur, elle agisse avec connaissance et soit responsable de ses actes, et que, quand une personne a subi deux jugements de quelque gravité, elle soit envoyée au pénitencier pour un temps déterminé ; on pourra la renvoyer au bout de son temps, en lui faisant bien observer que, si elle retombe dans les mêmes fautes, on l'y ramènera pour ne jamais plus en sortir, et en faire autant pour tous ces caractères incorrigibles.

Je sais, et nous savons tous, qu'il y a toujours eu, et qu'il y aura toujours des êtres insouciants, tristes, en un mot, à tous les points de vue. Mais combien y en a-t-il à l'heure présente, qui sont dans cet état triste et misérable, faute d'avoir jamais reçu de bons principes? Combien en avez-vous ici, dans cette grande cité, qu'on appelle la capitale du monde civilisé, de ces malheureux qui s'élèvent sur la voie publique?

Il y en a un nombre assez considérable qui ne savent ni lire ni écrire, et qui, au lieu d'être de vrais citoyens, sont des brutes. Et vous trouvez surprenant que dans les hameaux arriérés de la campagne il y en ait de ce genre.

Je ne peux pas comprendre qu'ici, dans cette grande cité, qui devrait être le lustre de l'univers, il n'y ait pas encore eu des hommes compétents qui aient attaqué des questions d'une si haute importance, et qu'il ne s'en trouve pas encore à l'heure présente d'assez énergiques et dévoués à l'humanité pour attaquer des abus aussi répugnants.

Ne voyez-vous donc pas ce vice qui ronge cette pauvre jeunesse, faute d'avoir reçu une instruction légale et véridique, et faute aux autorités, qui le tolèrent et l'autorisent.

La jeunesse ne réfléchit pas, et le vice étant autorisé, elle se jette dedans comme une aveugle. Pour réprimer ce vice, il faut instruire la jeunesse, dès son bas âge, dans ses vrais droits et devoirs, et lui apprendre le respect des mœurs principalement; car c'est ce respect qui nous manque, et c'est faute de ce respect que le vice anéantit la jeunesse.

Vous n'êtes pas sans vous rendre compte, vous tous, hommes compétents, de ce qui existe. Je sais que vous n'en souffrez pas personnellement; et si vous n'en êtes pas positivement convaincus, je fais mon possible pour vous en convaincre.

C'est vrai que ce n'est que dans notre classe que ceci existe, qu'il n'y a qu'elle qui en souffre, et que, par conséquent, vous pouvez en ignorer quelque peu.

Il y a la plupart de ces jeunes gens, commis ou ouvriers de toute sorte, qui se privent journellement de leur nécessaire, c'est-à-dire de ce qui les rendrait robustes et confortables, pour être à même de faire face à ce vice que je vous cite plus haut, qui les ronge et les dessèche. Donc, en un mot, ils se privent de ce qui leur ferait grand bien à tous les points de vue, pour jouir et absorber ce qui leur est funeste au plus haut des degrés; voilà la vérité.

Cependant, je crois qu'il serait temps de mettre un frein à ce genre de vie, et d'enrayer le plus tôt possible ce progrès néfaste et honteux, qui engendre la stérilité. Et encore plus fort: Nous, contribuables, nous, classe ouvrière laborieuse, nous payons des êtres qui sont spécialement pour inspecter ce vice et cette honte, et veiller à ce qu'il s'exerce légalement, suivant les arrêtés de cette grande maison maternelle, qui veille et qui a le monopole de notre sécurité.

Voilà ce qui se passe de nos jours et ce qui s'exerce dans toute sa splendeur; voilà, peuple français, l'organisation sociale qui nous a régi sous les monarques, car c'est d'eux qu'elle émane, et elle nous régit encore aujourd'hui, parce que la République n'a encore fonctionné que de nom. Je vous fais tous juges si cela doit continuer ou cesser.

Qui souffre encore pour sa grande part de ceci? Ce n'est absolument que la classe ouvrière, car c'est toujours sur sa tête que la misère tombe.

De quoi avons-nous besoin, nous classe ouvrière, que nous faut-il?

Il nous faut la paix et la sécurité; ces deux choses c'est la République seule qui nous les donnera, si elle est conduite et dirigée par de vrais républicains; pour obtenir notre sécurité, il faut que nous sachions exposer aux hommes compétents quel est le mal, où il faut appliquer le remède, et c'est ce que je m'efforce de faire au nom du peuple ouvrier français.

Retournons-nous donc tous vers ce dogme de la lumière et de la justice. Vous tous qui êtes encore indécis, sachez vous convaincre de la vérité, sachez vous dégager complètement de ces griffes qui vous tiennent encore, comme le tigre quand il tient sa proie.

N'avons-nous pas reçu assez de leçons, n'avons-nous pas vu et malheureusement trouvé ces choses horribles que nous laissent tous ces monarques pour héritage? qui par une de leurs paroles et souvent de leurs bêtises,mettent lenr pays au carnage,au pillage et à la ruine. Nous avons tous trouvé et nous trouvons encore ce que le dernier nous a valu, et s'il avait des raisons légitimes pour faire ce qu'il a fait, et dont il a été victime lui-même comme un misérable.

Il a fait mourir de faim, de froid et de misères de toutes sortes, et massacrer je ne sais combien de milliers de malheureux innocents, il en meurt encore journellement des suites de ces privations et misères. Non-seulement on a fait égorger nos enfants, mais encore on nous crible d'impôts pour payer ses désastres.

Voilà plus de dix ans qui nous séparent de ce dernier, et vous voyez encore les impôts presque au même taux. N'est-ce donc pas des leçons terribles et des plus terribles pour nous? Je ne peux pas comprendre qu'il y ait encore dans la classe ouvrière des hommes assez naïfs pour soutenir ce parti.

Croyez-vous que si nous avions été sous le régime actuel ceci serait arrivé? Je ne le crois pas, parce que sous le vrai régime républicain, tous ceux qui en sont les représentants ont le même droit et le même devoir, et que par conséquent c'est par la majorité des voix qu'on décide, la voix personnelle d'un seul n'est rien.

Sous les monarchies c'est le roi ou l'empereur qui est tout, c'est-à-dire le maître absolu, parce que tous ceux qui l'entourent sont ses partisans ou subordonnés, se courbent sous sa volonté et sa parole, c'est le régime monarchique.

Voilà la différence qui existe entre la République et la Royauté. La République vraie c'est le peuple qui se gouverne lui-même, par la voix de ses mandataires, qu'il nomme à sa volonté, et où rien ne s'exécnte qu'à la majorité des voix; la Royauté met un homme sur un trône, sans se rendre compte s'il en est digne, pourvu qu'il descende d'une famille de cette espèce; c'est assez, c'est leur héritage. Les héritiers du tròne de notre pays le regrettent assez, ils sont assez furieux de voir que le peuple ingrat s'en empare, ils sont assez furieux de ne plus pouvoir imposer au peuple de se courber devant eux et les appeler monseigneur. Pauvres messeigneurs, que je vous plains, encore une fois. Oui, on donne le pouvoir absolu à un homme qui par une de ses paroles peut bouleverser le peuple, et peut faire de nous ce qui lui plait.

N'avons-nous pas eu déjà plusieurs expériences des plus éclatantes de la République? Ne nous a-t-elle pas montré sa sagesse, en changeant de président en deux heures de temps, comme la chose la plus simple? Qu'aurait fait la royauté en pareil cas? qu'ont-ils toujours fait en parelle circonstance? ils ont troublé la France, mis toutes ses armées sur pied, pour qu'au premier signal elles bondissent sur le peuple, car c'est toujours cet instrument qui est l'armée, qui a tout fait exécuter par la brutalité, et presque à tous les changements de monarques, il s'en est suivi la guerre civile, faisant égorger les peuples entre frères, pères et mères.

C'est toujours ce pauvre peuple ouvrier, par l'erreur et l'ignorance, puisque ce n'est que lui qui s'égorge, le soldat c'est le fils du peuple, donc, il égorge son père. Voilà l'erreur, et erreur dont cette classe maudite a abusé jusqu'à ce jour. Et pourquoi ces beaux rois se mettaient-ils si bien en garde pour agir? c'est parce qu'ils savaient qu'ils ne marchaient que par l'injustice et la honte. Pourquoi la République n'a-t-elle pas besoin de prendre ces mesures brutales? c'est parce qu'elle n'aspire et n'a pas d'autre but ni ambition, que le droit et la justice légale pour tous. Voilà pourquoi elle n'a pas besoin d'un rempart qui la cache, elle marche le front haut et complètement découvert.

Réfléchissons donc tous à ceci, chers concitoyennes et concitoyens, je désire du fond de mon cœur que vous sachiez le comprendre, car il faut que nous sachions nous affranchir complètement des tyrans qui se sont toujours amusés de nous, comme je vous le démontre ici. Il faut que nous ayons tous souci de nous-mêmes et de nos propres intérêts, il faut que nous sachions nous-mêmes prendre l'initiative de nos propres interêts, mais il faut aussi, et avant tout, que nos mandataires exécutent les réformes que je leur indique ici.

Je ne vous parle pas des temps jadis, ni de ce qu'ont fait les hommes d'autrefois, car je n'ai jamais eu le temps de lire les histoires, je ne vous parle que du présent et des réformes qui doivent être exécutées sans retard, qui prépareront un avenir clair et nouveau, où nous avons tous les intérêts les plus sacrés. Aussitôt ces réformes exécutées, nous entrons dans une ère nouvelle d'égalité, qu'aucun peuple n'a jamais ni vue ni connue.

N'écoutez donc plus ceux qui cherchent à vous épouvanter, en vous disant que la République c'est le désordre et la perte de la France. Ils ne vous crient ceci que pour en tirer leur profit et tâcher de vous épouvanter, car leur seul moyen d'action, c'est d'épouvanter les honnêtes gens, c'est toujours par ce procédé légitime qu'ils ont dominé.

Et vous, grands citoyens, qui tenez le gouvernail de la République et la clef de son autorité, sachez marcher en avant par le droit chemin; sachez démasquer tous ces chemins tortueux, tous ces petits sentiers qui sont encore obscurs et insalubres, donnez-y de l'air, marchez le front haut, le peuple vous admirera. Empressez-vous de faire exécuter les réformes que je vous indique ici, qui sont de la plus haute importance et gravité, dont le peuple ouvrier souffre cruellement. Empressez-vous, tous les honnêtes gens l'attendent avec impatience, et quand vous aurez accompli cette belle œuvre sacrée, quand vous aurez établi un ordre légal dans la société,quand vous aurez détruit ce ver rongeur qui la mine, qui la ronge et qui la dessèche, tout le peuple se tournera vers vous pour vous bénir et vous porter en triomphe, car vous aurez accompli une œuvre humanitaire au plus haut des degrés.

Sachez prouver à ceux qui outragent la Répnblique, que c'est elle seule qui fera le bonheur du peuple et qu'elle n'aspire qu'à sa sécurité. Et quand nous tous, Français, qui avons le droit de dire que nous sommes le cœur des peuples civilisés, quand nous aurons su donner cet exemple modèle à tous les peuples civilisés qui nous entourent, vous verrez tous ces peuples se retourner vers vous, et d'un cri unanime proclamer la paix universelle et la France en sera la reine.

LA CIVILISATION

DEUXIÈME PARTIE

Qu'est-ce que la civilisation et quels sont ses principes ?

Ce serait de ma part bien ambitieux de vouloir avec compétence discuter cette matière : car elle a toujours préoccupé et elle préoccupe encore aujourd'hui plus que jamais dans notre pays tous les grands esprits ; on se dispute encore aujourd'hui avec acharnement ses principes et la manière de les appliquer. Pour moi, j'appelle civilisation, donner la première idée à l'enfant et lui développer son intelligence.

Voilà donc une lutte sur ce point : le gouvernement de la République avec le clergé qui a eu toujours le monopole de cette civilisation ; il faut croire qu'il y a quelque chose qui est bien cher et bien précieux aux cléricaux en cette matière ; car ils déploient toutes leurs forces et toute leur énergie à vouloir conserver ce monopole, et ils font des efforts suprêmes et désespérés.

Eh ! mon Dieu oui, je le comprends aussi ! car si cette proie leur échappe, chose que je ne crois pas douteuse, tout est fini pour eux, parce qu'ils ont là la racine maîtresse de leurs exploits. C'est de cette racine maîtresse que proviennent toutes les branches de leurs exploits, et alors vous ne vous trouverez pas surpris de cet acharnement.

Par leur moyen d'appliquer la civilisation, ils ont toujours trouvé le moyen par leur procédé si doux, si caressant et si flatteur, de bander les yeux au peuple, et de lui prouver par ce moyen, qu'il n'y voyait pas clair, que le mensonge était la vérité, et à présent que cette maudite république vient enlever ce bandeau des yeux du peuple, à présent qu'elle veut sortir ce peuple de cette obscurité pour le mettre à la lumière, à présent que le gouvernement qu'ils maudissent, veut instruire le peuple dans le vrai et non le faux; vous pouvez juger et vous n'aurez pas à être surpris que leur colère déborde, car pour eux le peuple ne mérite que l'obscurité, la misère et la torture, parce qu'en le maintenant dans cette situation, on peut faire de lui un instrument, et avec la lumière, non !

Voilà la colère légitime de cette classe qu'on a toujours eu la bêtise d'appeler haute, mais que moi j'abaisse au dernier degré de la bassesse. On les a entendu crier, ces grands apôtres de Jésus, vous les avez vus tous à l'œuvre, avec quelle énergie acharnée, ils ont déployé tout leur talent et toutes leurs forces, pour tâcher d'empêcher qu'on ne touche à cette grande racine maîtresse, qui est le développement des intelligences du peuple ouvrier ; ils ont fait des sermons, des conférences, ils ont prêché avec grand fracas et invoqué toujours la liberté du père de famille. Oui, ils veulent la liberté du père de famille, mais avant de la donner, cette liberté, ils veulent plier ce père de famille à leur cause, et je peux bien dire, la fabriquer à leur manière, puisque pour eux, il n'y a qu'une chose absolue de vraie, et leur instruction ne consiste qu'à plier toutes les intelligences à cet absolutisme, en invoquant toujours le surnaturel, et faire adorer les statues.

Certainement que pour en arriver là, il faut faire ce qu'ils ont toujours fait et ce qu'ils voudraient toujours faire ; prendre l'enfant au berceau et le plier successivement jusqu'à sa majorité, et, autant que possible, le maintenir toujours sous ce pli, et quand ils tiennent toutes ces intelligences, quand ils ont bien courbé et cultivé tous ces êtres humains qui deviennent plus tard pères et mères de famille ; c'est alors, mais seulement alors, que ces prêcheurs de liberté veulent donner au père de famille sa liberté.

Voilà dans quelles conditions ils entendent la liberté ; ils veulent une liberté qui n'émane absolument que d'eux, et toujours conduite par eux. Voilà leur procédé légal : s'appliquer la liberté, d'ailleurs, cette fraction de la société n'a jamais connu ni la liberté, ni la justice, ni la légalité. La base de ces principes n'a jamais reposé que sur les privilèges et les injustices, et, par conséquent, ils n'ont jamais appliqué autre chose ; et à présent qu'on leur arbore une chose qui leur est inconnue, c'est-à-dire le droit et la justice, ils se trouvent surpris, et ils prétendent que ce n'est pas possible de l'appliquer, ils se disent ; mais nous sommes perdus si on applique le droit et la justice à cette masse de trente et des millions d'êtres humains, nous ne pourrons donc plus faire pivoter ce peuple à notre volonté. Eh non! il sera donc libre, ce peuple, de nous parler en face la tête haute ? Eh oui! nous ne pourrons donc plus le courber à nos genoux ? Eh non! nous serons donc nous-mêmes obligés de nous courber et de nous soumettre à ses droits et devoirs ? Eh oui! et alors nous ne sommes donc plus rien ? Eh non, pas grand'chose.

Mes chers seigneurs, si vous ne voulez pas être complètement obligés de capituler, il est temps que vous battiez en retraite, si vous voulez qu'elle s'opère en bon ordre, je vous donne ce conseil sage, mes seigneurs, sachez en profiter ; j'en suis désolé, mais c'est comme ça.

Eh bien, revenons-en un peu à notre première question ; vous avez vu et je vous ai démontré autant qu'il m'a été possible de le faire, l'intrigue qui guide cette fraction de la société. Cette fraction qui est si faible comme nombre, a toujours trouvé le moyen jusqu'à l'heure présente, d'avoir la direction du peuple et d'être maîtresse absolue de la société entière.

Je vous ai donné une idée plus haut, suivant mes moyens, du procédé dont cette fraction s'est toujours servi pour maintenir ce peuple si nombreux, sous ses ordres, ses volontés et ses caprices, et je vais encore essayer ici de vous en convaincre plus clairement et vous faire comprendre que c'est nous positivement, comme je vous l'ai déjà dit, qui avons fabriqué les fouets et qui nous sommes toujours fouettés nous-mêmes à coup redoublés ; mais certainement par erreur.

Vous savez tous quel nombre considérable d'êtres humains fanatisés au plus haut des degrés, sont semés parmi notre peuple, et qui n'ont pour mission et mot d'ordre, que de fanatiser le peuple ouvrier. Ces êtres sont pour soi-disant instruire la jeunesse, et, par conséquent, appliquer la civilisation, c'est-à-dire développer les intelligences, et je vous ai démontré leur développement qui consiste non à éclairer, mais à maintenir les ténèbres et l'obscurité.

Qu'est-ce que l'être humain quand il vient au monde? Absolument rien qu'un petit amas de chair vivante, qui grossit et grandit par l'allaitement de sa mère, et avec le temps et plus tard par la nourriture qu'il absorbe; en fait de civilisation, elle est, suivant qu'on lui développe son intelligence ; car je crois pouvoir bien le dire, l'enfant devient homme ou femme, suivant le sexe auquel il appartient, suivant l'instruction qu'il reçoit et suivant qu'on lui développe sa raison, à moins toutefois que, quand il arrive à l'âge majeur, quand il a toute sa compétence, il arrive à comprendre exactement par lui-même la vraie vie, et sait se rendre compte, si l'instruction qu'il a reçue y est en rapport. Je suis positivement certain qu'il n'y en a pas un seul qui n'ait reçu que l'instruction religieuse, qui ait reconnu la vraie vie et ce qui existe, ne la maudisse et ne la haïsse parce qu'elle est absurde et ténébreuse.

C'est donc dans les campagnes que ces représentants si dévoués, de cette classe maudite s'efforcent d'incruster cette civilisation, parce que les campagnes, jusqu'à cette heure, n'ont eu aucune facilité de se rendre compte de la vie, et ne voient pas les exploits de cette fraction qui nous ronge ; c'est toujours des villes que jaillit la lumière, parce que les yeux sont plus rapprochés.

C'est donc ce qui prouve que nous, classe ouvrière, qui avons presque été tous pris au berceau par ces courtiers noirs, si dévoués au cléricalisme et cultivés jusqu'à notre majorité, et ainsi que toujours leurs racines sont si profondes qu'il est difficile de les arracher ; et pour les arracher complètement toutes, il ne s'agit pas d'y aller par la violence, mais par le bon sens et la raison ; et pour en venir là, il faut expliquer et faire comprendre le plus clairement possible au peuple entier, ce qu'est le but que poursuit ce genre de civilisation, et c'est ce que je m'efforce de faire au nom de l'humanité ; car soyez-en tous convaincus, je sonde jusqu'au fond de toutes mes pensées et de toutes mes réflexions, mais comme je n'ai aucune sorte d'instruction que ce que j'ai appris par moi-même, ceci laissera peut-être quelchose à désirer.

Dans tous les cas, je fais tout mon possible ; mais ce qui aura bien plus d'éclat et de compétence que moi, ce sont nos représentants dévoués de la République et du peuple : s'ils savent donner un exemple, chose qui leur est très facile, et qui est même de leur devoir, vous verrez toutes ces racines s'enlever comme par enchantement, et se retourner vers le dogme de la République, en lui disant : « C'est toi qui est notre souveraine et libératrice, nous avons tous reconnu que c'était toi qui aspirais à notre bonheur et à notre sécurité, et c'est pour cela que nous voulons t'adorer, et faire de toi notre unique reine pour toujours, et disant à nos représentants :

Faites tous les efforts possibles à faire comprendre au peuple entier l'intérêt qu'il a à se détacher complètement de cette instruction jésuitique ténébreuse, qui n'excite qu'à la haine, car tous ceux qui ne veulent pas se courber a leurs absurdités, pour eux ce sont des malfaiteurs, et ils les dénoncent tels à la société, voilà la vérité.

Abolissez donc tous ces privilèges sans retard, car c'est par le moyen de ces privilèges que cette classe maudite a toujours trouvé ce nombre si considérable d'êtres qui se sont dévoués pour elle.

Vous savez tous que cette quantité de noirs fanatiques ont toujours joui de tous les privilèges et ont été, jusqu'à ce jour, les rois et les dieux sur cette terre.

Vous savez tous qu'ils ont été, chacun dans leur village, maire, adjoint, maître d'école des deux sexes, et que rien ne s'exécutait sans leur autorisation, et que c'étaient également eux qui tenaient la clef de tous les tribunaux et de toutes les autorités, et qu'en un mot, c'étaient eux qui tenaient le pivot du peuple et qui en étaient maîtres absolus.

Il y a encore, à l'heure présente, des endroits où ceci existe dans toute sa splendeur.

Peuple ouvrier, sachons relever la tête et nous rendre compte de tous ces exploits dont nous souffrons et dont nous sommes victimes.

Rendez-vous compte de cette vie barbare qui a pu durer jusqu'à ce jour, qu'il n'y a que cette fraction qui a appliqué ces barbaries, qui a profité de toutes les douceurs de la vie, et nous, qui sommes leurs victimes et qui avons toujours tout fait à la sueur de notre front, nous n'avons jamais récolté que misère et torture.

Ouvrons donc les yeux et sachons changer la face de cette civilisation, qui est la source maîtresse de la quelle jaillisent tous nos maux, et quand nous l'aurons complétement retournée : nous verrons le contraire de ce qui existe, c'est-à-dire, ce que nous n'avons jamais vu.

Le clergé n'a été absolument institué que pour nous cacher la lumière et bander les yeux au peuple ouvrier, et ce qui le prouve, c'est qu'ils font le contraire de ce qu'ils nous prêchent, cela seul les condamne. Leur rôle est, autant que possible, d'interner la jeunesse dans leurs corporations pour renforcer leurs remparts, et ils font croire aux naïfs qu'ils parlent et pardonnent au nom de Dieu, parce qu'ils ont étudié le latin et le grec et qu'ils se cachent sous ces roupilles blanches ou noires.

Au nom de quel dieu parlent-ils ? Au nom de ce dieu de Rome qu'on appelle Léon XIII et qui est déclaré ne pas faillir. C'est ce grand homme qui est le Dieu sur cette terre, et ces grands cardinaux et évêques avec leurs belles cannes d'or, sont ses apôtres, et les simples curés de campagne sont ses instruments et ses comédiens. Car le rôle qu'ils ont toujours joué et qu'ils jouent encore aujourd'hui n'est, pour moi, qu'un rôle de comédien qui joue sur la scène d'un théâtre, et qui se déguise sous différents costumes, suivant la pièce qu'il joue, et comme ils n'ont jamais changé de pièce, leur rôle est toujours le même et leur costume également, et c'est pour cela qu'ils jouent si bien cette pièce, car il y a longtemps qu'elle se joue et l'auteur de cette pièce devrait être satisfait, mais il n'est pas raisonnable, car il ne l'est pas encore et fait bien son possible pour la maintenir. Pour moi, je crois qu'il serait tempsd'en changer, quand ce ne serait que pour avoir l'agrément de voir changer le costume de ces comédiens. Et qu'avons nous à faire pour avoir le plaisir d'assister à une comédie nouvelle ? Et ! mon Dieu, nous n'avons qu'à faire ce qui se fait dans tous nos théâtres, nous n'avons qu'à laisser les comédiens seuls sur la scène et vous verrez que pièce et acteurs changeront, et si cette nouvelle pièce nous plaît nous y assisterons. Mais ce sera à nous de savoir nous rendre compte si cette pièce est un peu plus en rapport avec nos intérêts que la précédente, et j'ose espérer que nous y verrons tous un peu plus clair, car cette lumière nous coûte cher.

Oui ! tout ceci n'est qu'une comédie, et qui s'est toujours jouée aux dépens de la naïveté du peuple qu'on lui a toujours imposée, et si le gouvernement de la République veut la faire cesser promptement, il n'a qu'à couper ce grand bras, ce bras si formidable qui la soutient, c'est-à-dire les je ne sais combien de millions que le peuple paie pour la faire jouer, et utiliser ces millions à faire construire des écoles où il en manque, et y installer des instituteurs laïques et institutrices, et leur donner un traitement qui leur permette de faire leur devoir sur tous les points.

Voilà le jour que le gouvernement aura mérité les sympathies du peuple entier : Oui, il faut changer la face de la civilisation : Oui, il faut que toutes les intelligences soient développées au grand jour et par égalité, et que chacun occupe la place qu'il mérite : Oui il faut que le peuple agisse à la grande lumière, et avec connaissance, et qu'il ne soit pas comme par le passé, toujours ahuri et tremblant, et sujet à subir la torture à tort ou à raison ; il faut que tous ces différents costumes, dont des hommes se couvrent, disparaissent, car tout ceci n'a été institué absolument que pour faire trembler le pauvre malheureux et le maintenir courbé sous le joug de la misère : La République a pour but de remplacer l'ignorance par la lumière et l'instruction, et abolir les priviléges ; et cette grande œuvre accomplie, il pourra sans crainte faire démolir et disparaître la plupart de ces monuments noirs et insalubres de torture, qui n'ont jamais servi qu'à appliquer l'arbitraire et l'injustice. Il faut également que la plupart de ces maisons, également de torture, dirigées par ces noirs fanatiques disparaisse, puisqu'elles ne sont destinées absolument que pour torturer et transformer la jeunesse et bander les yeux.

Que voit-on quand cette jeunesse sort de là-dedans ? Ceux qui sont obligés d'entreprendre la vie au hasard, la plupart vous les voyez tomber dans les précipices comme des aveugles. Il y a trop longtemps que cette torture dure, il faut à tout prix qu'elle disparaisse.

C'est encore à nous, classe ouvrière, de savoir le comprendre, car il n'y a encore que nous qui en sommes victimes.

Donnez donc un coup d'œil, vous législateurs, à ce désordre et à ces abus ; rendez-vous compte de toutes ces misères où il n'y a que le pauvre qui en souffre et qui en est victime.

Pourquoi voyez-vous encore tant de malheureux se décourager, s'adonner à la boisson et à la débauche. Pourquoi, parce qu'ils se voient souvent outragés et torturés à tort, et qu'ils n'ont pas le moyen de se faire rendre justice, et voilà encore d'où provient la plupart du désordre qui existe dans la classe ouvrière.

Y a-t-il rien de plus ignoble, pour un peuple civilisé, qu'un pauvre malheureux qui, faute d'argent pour payer les rongeurs de juges et avocats doit subir la torture à tort! Y a-t-il rien de plus ignoble et de plus triste que tous ces intrigants puissent torturer le malheureux de la sorte! Y a-t-il rien de plus triste qu'un pauvre qui veut se faire rendre justice, soit obligé d'attendre des temps infinis avant d'y parvenir; et quand il y parvient, encore quelle justice, vous le savez tous.

Comment voulez-vous que le pauvre puisse sortir de la misère! il est forcé à y rester, il y a des lois qui l'y forcent.

Quand un ouvrier quelconque attaque son patron pour se faire payer ce qui lui est dû ou tacher de se faire rendre justice, il faut d'abord qu'il ait l'argent nécessaire et pouvoir disposer du temps voulu, ce patron a le droit de le faire droguer des temps infinis si cela lui plaît, et le tribunal ne s'occupe pas si cet employé ou ouvrier a de quoi manger ou non, il faut attendre ces loisirs.

Ceci m'est arrivé à moi-même et j'ai le droit d'en parler, et je suis certain que je ne suis pas seul. Oui, il faut de l'argent à pleines mains, sans cela ni avocats ni juges ne vous écoutent: est-ce qu'il ne devrait pas y avoir une justice prompte et immédiate dans certains cas! Il y a assez qu'un patron dise à son ouvrier, je ne peux pas vous payer, attaquez-moi si vous voulez et si l'ouvrier n'a pas l'argent et le temps nécessaire, ceci reste entre les mains de l'intrigant et il en profite ; et combien de cas y a-t-il de cette nature.

Voilà la justice qui nous régit encore aujourd'hui, et vous ne ferez pas croire que ceci est organisé pour autre chose que pour maintenir le pauvre dans la misère absolue.

Comment voulez-vous maintenir un peuple paisible et uni avec une pareille organisation ? Dans ces conditions, ce n'est pas possible. Croyez-vous que, parce qu'il est pauvre, il ne connaît pas les injustices ? Si vous le croyez, vous vous trompez.

Je sais que le gouvernement de la République a pour but d'abolir ces crimes barbares, qui ont toujours excité le peuple à la haine et à la vengeance, et qui devraient faire rougir de honte ceux qui en sont les auteurs. Et si j'expose ceci, ce n'est que pour qu'il se hâte, et pour lui indiquer où est le mal, et un mal dangereux, et que son devoir commande d'appliquer un remède le plus tôt possible.

Démolissez donc tous ces remparts ignobles que cette classe maudite avait construits pour se cacher derrière ; mettez-les complétement à découvert, et vous les verrez tous se sauver et se cacher. Mettez un ordre légal dans la société ; indiquez, à la jeunesse surtout, le chemin droit qu'elle doit suivre sur tous les points, de manière que, si elle s'en écarte, elle en soit responsable. Appliquez un peu plus de respect dans les mœurs. Ne laissez pas outrager la femme comme par le passé ; donnez-lui son droit. Il a toujours été permis à l'homme de se servir de toute les ruses et de toutes les promesses possibles pour tromper la femme.

Vous savez cependant tous aussi bien que moi que

le caractère de la femme est bien plus faible que celui de l'homme, et que l'homme a une certaine influence sur la femme. Etablissez un ordre formel et sévère, et donnez à chacun son droit légal, et vous verrez disparaître la plupart de ces exploits honteux, qui ne font que, comme je vous l'ai déjà exposé, jeter des malheureuses vous savez où.

Pourquoi tout ceci n'a-t-il pas encore été exposé clairement? C'est parce que ces exploits ne s'opèrent que dans la classe ouvrière seule, et il n'y a qu'elle qui en souffre et qui en soit victime. Pourquoi? Parce que l'ouvrier est obligé d'envoyer ses enfants gagner leur pain dehors, et c'est là où ces jeunes enfants sont persécutés journellement par cette bande de jeunes vauriens, qui n'ont rien à faire que de courir après pour assouvir leurs passions et chercher, par tous les moyens possibles, à arriver à leur but, et qui, quand ils y parviennent, ne trouvent rien de mieux que de les abandonner, pour recommencer leurs exploits ailleurs.

Voilà la vie et l'amusement de cette bande de misérables, qui n'ont pas à s'occuper du pain du lendemain, et vous devinez tous à quelle fraction de la société ils appartiennent.

Ce n'est pas la fille du bourgeois, ni même celle du commerçant, qui souffre de ces exploits. Ils se gardent bien de les exposer. Je ne suis ni poète, ni philosophe, ni pourvu de diplômes ; mais je vous expose les choses telles qu'elles se passent encore de nos jours, et c'est à force d'être poussé par l'indignation et le bon sens, que l'idée m'est venu d'adresser ce petit exposé au public, pour que tout le monde sache ce qui existe.

J'en appelle donc ici à la conscience de tous les hommes de bien, et je leur demande s'il ne serait pas temps d'y mettre un terme, dans l'intérêt de l'humanité entière, et s'ils ne croient pas comme moi que ce sont des atrocités qui ne peuvent que faire honte à un peuple civilisé ?

Je viens donc ici supplier, au nom de l'humanité entière, tous les hommes compétents et dévoués à leurs semblables, de faire cesser toutes ces hontes et d'y mettre un ordre général, et c'est alors que vous convaincrez le peuple de la différence qui existe entre l'Empire et la République ; car toutes ces hontes que je vous cite plus haut, c'est la semence du bonapartisme ; c'est lui qui les a semées et cultivées.

Mettez-vous donc à l'œuvre, vous tous, hommes compétents et dévoués au peuple ; dites franchement ce qu'il faut et exécutez-le. Je vous indique ici, moi qui ne suis qu'un tout simple ouvrier, des réformes à exécuter, qui sont de la plus haute importance, et que, soyez en convaincus, le peuple attend avec impatience.

Faites disparaître toutes ces hontes, qui sont encore debout, et qui ne font qu'exciter le peuple à des vengeances lointaines, parce que ce sont encore les lois de la torture qui nous régissent. Ce n'est pas, certainement, contre les représentants dévoués de la République que ces excitations portent, parce que le peuple est convaincu qu'ils n'en sont pas les auteurs ; mais votre intérêt le plus sacré est de les faire disparaître le plus tôt possible, pour en apaiser les colères. Et alors, vous hommes compétents, vous verrez apparaître devant vous, non un peuple comme il est actuellement, ahuri et tremblant, et toujours dans la crainte et la colère ; mais un peuple souriant, plein de confiance et de bonté, parce qu'il sera convaincu de n'être plus torturé à tort, et en même temps, il se tiendra sur ses gardes.

Qu'est-ce qui existe actuellement ? Il existe qu'on n'a plus aucune confiance les uns dans les autres, et qu'on est toujours dans la crainte d'être exploité. On voit un homme mal vêtu, on le prend pour un malfaiteur. Le pauvre malheureux, qui n'a peut-être pas le moyen de posséder d'autres habits, et qui sait très bien ce qui existe, est toujours comme un ahuri et dans la crainte, parce qu'il sait qu'on le regarde d'un mauvais œil.

Il importe donc, et dans l'intérêt de tous les honnêtes gens, de faire ce que je dis plus haut : Enlever cette vermine qui infecte la société, et principalement cette grande ville de Paris, qui est la cachette de tous ces misérables ; les enlever tous et les envoyer de l'autre côté de l'eau, dans un désert de nos colonies ; lesfaire travailler, et, autant que possible, revenir au bien, et n'en relâcher aucun parmi les honnêtes gens qui ait subi deux jugements de quelque gravité, et par ce moyen la confiance reviendra, et les honnêtes gens seront en sécurité, au lieu d'être, comme à l'heure actuelle, sujets à chaque instant à recevoir un mauvais coup et être dépouillés. Et c'est quand je verrai un citoyen aller prendre la possession et la direction de cette maison maternelle, qui est au coin et au bord du quai, et qu'il sera animé de ces idées et sentiments, c'est alors que je dirai que nos grands hommes commencent à se montrer généreux envers leurs semblables, et c'est alors, mais seulement alors, qu'on pourra surnommer cette maison « Maison maternelle ».

Donnez donc à ces ex-princes, qui pleurent et qui gémissent de voir échapper leur proie, de ces leçons terribles, et alors vous pourrez, sans aucune crainte, leur laisser toute liberté d'action, car le peuple ne les regardera plus qu'avec horreur, et ce peuple vous adorera. Par ce moyen, il ne vous sera pas difficile d'abolir plusieurs impôts, et d'améliorer la situation ouvrière, qui est des plus critiques.

Qu'est-ce que vous voyez depuis bien longtemps? Toujours des nouvelles inventions, des nouvelles machines et de nouveaux procédés. Tout ceci est très beau, j'en conviens; mais on doit faire attention à ce que cachent cette beauté et nouveauté : Vous avez des ateliers qui occupaient autrefois cent ouvriers, et qui, aujourd'hui, avec vingt ou trente, par le procédé de ces machines, font le même travail. Il y en a donc soixante-dix ou quatre-vingt qui sont obligés de vivre de l'air du temps. Ceci existe dans plusieurs ateliers et industries. Les patrons entassent des capitaux considérables en très peu de temps et l'ouvrier traîne la misère dans sa mansarde insalubre.

Voici encore des questions qui méritent des études approfondies; car vous savez tous que la misère pousse à faire des choses terribles. Nous n'en avons eu, malheureusement, que trop d'expériences, et c'est pour cela, qu'à présent, où nous ne sommes plus enchaînés, il faut savoir profiter de cette liberté qui nous coûte si cher, à mettre un ordre légal et juste à ce qui est en désordre, et commencer par le plus urgent et à la racine, pour finir au sommet.

Vous voyez que le peuple souffre, et cruellement, et que, cependant, il attend avec patience ce qu'on lui a promis. Oui, peuple ouvrier, sachons souffrir, surtout quand nous sommes sur la bonne voie de la guérison; mais sachons imposer à nos mandataires élus par nous d'accélérer la marche de la guérison de cette souffrance, qui n'est pas naturelle, et de nous en délivrer; car, c'est une souffrance appliquée par ces barbares infâmes qui nous ont maintenus sous leurs pieds jusqu'à cette heure.

Exécutez donc, vous, mandataires du peuple, ces réformes, qui sont d'une nécessité extrême. Je sais que vous n'en souffrez pas personnellement; mais par humanité, et par la plus grande des nécessités, votre devoir vous l'impose, et si vous remplissez ce devoir sacré, le peuple se fera un devoir, à son tour, de vous investir de nouveau de votre mandat. Le peuple vous regarde et vous écoute, et prend journellement note de vos actes : ceux qui n'exécutent pas ce qu'ils lui ont promis, seront sûrs de rester dans la vie privée.

Je ne peux pas comprendre que, quand vous avez fait au peuple les promesses les plus justes et les plus légitimes, vous n'ayez pas la force et l'énergie de les exécuter. Vous vous laissez encore quelquefois influencer par les paroles de ces ex-princes et seigneurs, qui ne sont cependant que des paroles doubles et dont tous les efforts ne tendent que vers le but de se réemparer du pouvoir. Car ils ne reculeraient devant aucun obstacle pour y parvenir, s'ils étaient sûrs de les vaincre. Mais vous savez tous cependant que le peuple a reconnu son erreur, et qu'on ne fera pas de lui un instrument à l'avenir, comme ces ex-seigneurs l'ont fait par le passé. S'il y en a qui se font des illusions à ce sujet, je me permettrai de leur dire qu'ils sont dans l'erreur la plus complète. Sachez donc tous comprendre que le peuple a toute la force, et qu'il sait parfaitement bien que les lois que vous faites sont spécialement pour lui, et que c'est encore lui qui doit les faire exécuter. Sachez donc, vous tous, hommes dévoués au peuple, donner un exemple qu'on n'a jamais vu, puisque vous en avez le pouvoir. Alors, aux élections, qui sont prochaines, le peuple s'empressera de laisser ces fameux ducs de côté, et vous enverra pour collègues des citoyens animés des mêmes idées et sentiments que vous, ce qui rendra votre tâche bien plus douce et moins difficile, et vous serez adorés du peuple entier.

Mes chers et grands seigneurs, je reviens ici pour vous poser quelques petites questions, vous allez sans doute dire : il faut qu'il ait un sacré toupet, ce cocher, d'oser venir nous poser des questions semblables, et il y en a qui vont dire : voilà le commencement de la liberté, nous sommes perdus. Soyez tranquilles, mes chers seigneurs, on ne touchera pas à vos personnes, on ne touchera qu'à vos ignobles procédés, si je viens ici exposer mes pensées, c'est pour vous faire comprendre qu'il y en a, dans la classe auvrière, qui connaissent tous vos trucs, ou du moins, la plupart.

Eh bien, vous, simple fraction de la société, vous qui avez toujours trouvé le moyen de tenir la masse ouvrière dans l'obscurité, naturellement pour qu'elle n'y voie pas clair, vous qui avez trouvé le moyen par cette obscurité, de récolter tout le produit de son travail pour passer cette existence pompeuse, où rien n'est assez doux et bon pour vous, en même temps que vous passez cette belle existence, vous avez toujours trouvé le moyen de maintenir cette masse ouvrière, de qui émane votre belle existence, dans la misère et la torture.

Je vous ait dit plus haut que pour vous, le peuple ne mérite autre chose. Eh bien, je vous demande ici où est basée votre prétention. Si je vous demande l'autorisation que le droit de la nature vous a accordé pour agir ainsi, vous serez bien embarrassé pour me présenter cette autorisation puisque vous n'en avez pas.

Qu'est-ce que vous allez donc me répondre ? la plupart d'entre vous peuvent me répondre que j'ai trouvé en venant au monde ces principes chez moi et je les ai suivis parce que j'y ai trouvé mon avantage; mais vous ne pouvez cependant me dire que vous n'avez jamais vu aucune nature, qui porte par elle-même quelque chose d'autoritaire, ni avec des droits supérieurs sur les autres natures. Non, il n'y en a pas, c'est incontestable, car tous les droits et supérioritésqu'un homme possède,ce n'est absolument que ses semblables qui l'en ont investi. Et bien alors je vous demande où repose le piédestal de ces prétentions que vous prétendez être légitimes, mais que vous savez très bien qu'elles ne le sont pas, et à bout de questions qu'êtes-vous obligés de me répondre ? Vous ne pouvez me répondre que ceci : que ce piédestal repose sur l'ignorance, l'insouciance et la naïveté du peuple, que je m'efforce de maintenir et dont ces trois choses engendrent sa misère, et c'est par là que je me maintiens à cette belle situation. Je vous défie, vous tous les intéressés, de me donner une preuve contraire et vraie. Pour maintenir ce pauvre peuple dans cette obscurité et dans cette naïveté, il fallait trouver le moyen comme vous l'avez fait, de vous emparer de toutes les intelligences et les plier à l'absurde, en prenant l'enfant au berceau, et ne jamais le quitter si c'est possible, lui faire prêcher par vos courtiers noirs si dévoués ; heureux le pauvre et celui qui souffre, en un mot, faire croire à ce peuple naïf, qu'il ne trouverait son bonheur que dans la souffrance et la misère, et plus tu souffres, peuple, plus tu seras heureux après ta mort.

Voilà votre procédé, mais pour jouer cette comédie il fallait trouver des comédiens qui veuillent se dévouer, avec une énergie absolue et ne pas surtout s'en écarter. Ces comédiens, vous les avez toujours trouvés, non dans votre classe mais dans la classe pauvre, ouvrière et naïve, car pour vous c'était trop peu de chose que d'être, soit frère ou simple curé de campagne, et s'il y en avait quelques-uns parmi vous qui s'y dévouent, soit pour frime ou autre chose, il ne restait pas longtemps simple curé, il était bien vite appelé à occuper des fonctions bien plus élevées, car pour vous, vous n'avez jamais trouvé de l'esprit que dans l'or, et alors ce n'était pas souvent le pauvre qui en possédait.

Le simple curé de campagne, lui qui est le fils d'un laboureur ou tout autre ouvrier, se trouve heureux d'être dans cette position ; car, mes bons bourgeois, vous trouvez toujours de l'argent pour construire et autant que possible renforcer vos remparts. Si, quand vous voyez une nature qui vous plait, qui ous paraisse d'un bon caractère, facile à plier à la bêtise, vous ne reculez pas devant l'argent, avec l'espoir d'avoir un bon défenseur d'absurdités de plus, si le paysan ou l'ouvrier qui veut bien vous livrer ses enfants n'a pas d'argent, vous l'internez tout de même, cela se paiera avec le denier de Saint-Pierre. Vous tenez là, jusqu'à quatorze ou quinze ans, ces jeunes enfants naïfs, sous le joug de la torture, pour leur clouer dans la tête quoi, l'absurde et la bêtise. Vous martirisez ces natures pour en faire vos instruments, et ces natures transformées, qui sont destinées à faire à leurs semblables ce qu'on leur a fait à eux-mêmes. Voilà la comédie que vous jouez depuis que le monde est monde. Ce sont ces êtres dénaturés qui sont vos vrais instruments et qui sont destinés à plier cette pauvre jeunesse jusqu'à l'âge de vingt ans, pour que votre tâche ne soit pas si difficile à la courber complètement pour pouvoir en faire des machines à tout faire et à la faire agir aveuglément.

Voilà le jeu que vous avez toujours joué avec l'ignorance et la misère, et vous prétendez encore continuer cette comédie? vous avez encore l'audace de vouloir continuer vos exploits? vous n'avez pas honte, vous qui avez vos caisses inondées d'or, qui avez des millions accumulés, vous qui avez toujours trouvé le moyen de tout posséder sans rien faire et de flageller et torturer celui qui fait tout à la sueur de son front, vous n'avez pas honte de priver de son nécessaire celui qui gagne ces millions, celui qui vous les entasse, celui qui vous les entretient et celui qui vous les cultive. Vous n'avez pas honte qu'ils soit obligé le plus souvent à rogner sa maigre portion pour la partager à ses enfants, tandis que vous habitez des palais ornés de tous les luxes, et tandis que vous cherchez toutes les douceurs de la vie humaines! Vous n'avez pas honte d'avoir vos caisses inondées d'or et de richesses, quand vous voyez autour de vous des milliers de malheureux qui n'ont quelquefois pas de pain à manger? Si, quand ce pauvre malheureux vous tend la main, vous lui donnez peut-être un sous, et encore pas toujours. ; je vous ait démontré que le droit de la nature, et vous le savez mieux que moi, est le même pour tous et que le sol qui nous supporte n'appartient à personne, il appartient à tout le monde, ce sol, que produirait-il sans la culture et le travail de toute nature? il produirait de l'herbe et du bois.

Ce n'est donc que par le travail qu'il produit toute sorte de choses, et ce travail, qui en a toute la peine et la fatigue? c'est l'ouvrier. C'est donc à l'ouvrier que devrait revenir de droit toutes ces richesses accumulées, puisqu'elles sont le produit de son travail. Non, d'après ces beaux ducs, l'ouvrier n'a droit qu'au travail et à la fatigue, le produit de ce travail leur appartient de droit. Mes chers ducs, il pourrait venir un jour où on vous demandera compte de toutes les barbaries que vous avez fait endurer à ce pauvre peuple, il y a trop longtemps que vous mangez de ce pain dont vous n'avez jamais connu la valeur. Vous prétendez avoir le droit d'agir ainsi et vous faites prêcher par vos pauvres instruments si dévoués, vous faites invoquer au peuple le nom de Dieu juste et légal. Et vous prétendez être ses apôtres les plus dévoués?

Je suis loin de dire qu'il n'y ait pas un Dieu juste et légal, mais ce que je trouve de honteux pour vous, c'est de prétendre suivre cette justice, en ne faisant que des injustices et des hontes, tout ce qu'il y a de plus misérable. Cependant cette belle vie si douce et grandiose ne vous fait pas vivre plus longtemps. A vous, c'est l'intrigue et le trop d'abondance et les viles ambitions qui vous rongent, parce que vous avez toujours peur que quelqu'un vous enlève cette proie qui vous est si chère, tandis qu'au pauvre c'es la misère. Je vous le répète ici, le peuple vous pardonnera, mais il vous méprisera aussi toujours.

Je vous prouve donc ici le plus clairement, qu'il m'est possible, que c'est bien toujours nous qui avons fourni les fouets, et que nous nous sommes fouettés nous mêmes, puisque tous ces simples frères et sœurs ignorantins, et simples curés de campagne, de qui émane ce genre de civilisation que je vous démontre, et qui courbent toutes les jeunes intelligences, à cet absolutisme, qui tourne presque à l'idiotisme, et qui fait, qu'on peut faire par ce moyen, de ces enfants qui deviennent des hommes plus tard, des instruments pour s'en servir contre celui qui voudrait se révolter, contre ses injustices et toutes ces absurdités. Ces instruments que j'appelle les frères et simples curés, sont pour préparer la voie, pour fabriquer ensuite ces masses d'instruments, que j'appelle l'armée, ces soldats, frères et curés, qu'est-ce que c'est ?

Ce sont les fils du peuple ouvrier, puisque ce n'est que dans notre classe qu'on les prend ces êtres dénaturés se défendent eux-mêmes des causes qui leurs sont funestes au plus haut des dégrès. Voilà ce que l'on fait avec l'ignorance, et voilà comment s'est toujours jouée de nous cette classe nommée plus haut, et tout cela pourquoi ? pour passer cette belle existence douce, grandiose, luxueuse, et où elle ne trouve rien d'assez doux et grand pour elle.

Voilà votre vie honnête, chers seigneurs, et voilà les procédés que vous avez toujours employés, pour vous maintenir à cette hauteur; je les mets à l'appréciation de tout le monde, non, ce n'est pas à ces êtres dénaturés, martyrisés et torturés, que j'attribue la responsabilité, la responsabilité pour moi, incombe toute entière, à vous, beaux ducs et marquis, de qui émanent toutes ces institutions absurdes et honteuses. Oui, vous avez torturé et martyrisé la nature jusqu'à cette heure, et il est grand temps que le gouvernement de la République, mette un ordre à toutes ces orgies, et qu'il donne pleine et entière liberté, à tout homme et femme de s'unir ensemble, chose que vos statuts empêchent, et qu'on applique cette liberté sans exception aucune, à tous les mêmes droits et devoirs, à l'homme ce que comporte son devoir d'homme, et à la femme son devoir et droit de femme. Je vais encore ici vous poser quelques petites questions, mes chers ducs. Oh? vous allez dire que je suis agaçant, à la fin, et peut-être un peu j'en conviens, mais puisque je suis à l'œuvre, il faut que je la pousse jusqu'au bout. Vous avez toujours fait prêcher au peuple ouvrier, par vos instruments si dévoués Dieu et patrie. c'est-à-dire, que Dieu avant tout, et patrie, après. Vous lui avez dit et fait prêcher, qu'il fallait se dévouer à défendre la patrie ou le pays si vous aimez mieux.

Si cette prédication n'avait eu d'autre but, et que vous n'y auriez vu vous même autre intrigue, je l'approuverai, car, son pays, on doit toujours être prêt à le défendre, et avec la plus grande énergie, mais était-ce positivement pour défendre le pays contre l'invasion étrangère, que vous mainteniez cette jeunesse de 6 ou 7 ans sous le joug de ces réglements terribles et misérables? Aviez-vous besoin de transformer cette jeunesse et de la mettre tremblante sous les regards de l'homme galonné pour défendre leur pays, qui est le votre, contre une invasion étrangère reconnue légitime? Pour moi, je crois que vous aviez un autre intrigue, qui vous était plus précieuse, et je ne crois pas me tromper, malgré que ce ne soit pas très avancé.

Comme vous le voyez, cette intrigue qui, d'après moi, vous est si précieuse : est celle-ci, que pour vous maintenir sur ce piédestal qui n'a jamais reposé que sur l'arbitraire et l'injustice, il vous faillait une force brutale, naïve, et ignorante, que vous puissiez la faire agir dans toutes les circonstances sans exception, et toujours en aveugle, sans qu'elle ne se rende compte de rien; jusqu'à l'heure présente, vous y étes parvenus grâce aux procédés que je démontre ci dessus, et si on faisait le calcul vrai de tout le sang que vous avez fait verser à ce pauvre peuple naïf, pour des causes qui ne lui étaient que funestes et nuisibles, et qu'on soustraic de cette addition le sang qu'il a versé pour des causes vraies et légitimes, vous verrez de quel côté est la différence; et vous verrez que ce pauvre peuple s'est servi la plus part du temps de ces armes, pour défendre vos caprices ignobles et vos viles ambitions, et que ce peuple naïf a toujours travaillé contre lui-même et ses propres intérêts.

Prouvez-moi le contraire si vous en êtes capables,

chers marquis. Vous avez toujours fait croire à ce peuple naïf que ces masses de jeunes gens transformés et casernés par troupeaux, étaient pour défendre le pays contre l'invasion étrangère.

Tous les pays qui nous entourent sont dans les mêmes conditions que nous, car, tous les pays sont dirigés ou presque tous par la même classe que nous avons été dirigés jusqu'à ce jour, on tient ces masses ignorantes sur le qui vive, par crainte les uns contre les autres soi disant. Mais je crois pouvoir bien le dire que, aussi bien dans notre pays que dans tous les autres, ces masses sont plutôt pour le service de l'intérieur, et quand ces monarques et leurs partisans voient qu'il y a quelque chose de travers, qu'ils voient que quelque éclat de lumière jaillit, ils déclarent une guerre à tort ou à raison, pour éteindre ce jet de lumière qui commence de percer l'horizon. Et par le moyen de cette débacle, il reprenait pied et se reconfortait pour quelques temps encore, et si la guerre étrangère ne leur paraissait pas suffisante, ils faisaient éclater une guerre civile, pour faire égorger le peuple par lui même.

Et pauvre peuple il y a longtemps que tu prends des leçons, et des leçons terribles, qui sont rouges de sang, sang que tu as versé pour défendre ton malheur et ta misére, tu devrais ètre instruit sur tous les points, et je constate, mais avec grand peine, qu'il y en a encore bon nombre, qui ne comprennent pas leurs propres intérêts et qui se croient pour toujours les esclaves de leurs semblables. Et bien, je viens ici vous dire, et hautement, à ceux qui avaient ces croyances, que vous êtes dans l'erreur la plus complète. Et si nous sommes et avons toujours été dans cette situation, ce n'est que par notre ignorance, notre naïveté et indifférence et le manque de souci de nous-mêmes. Sortez donc tous de cette indifférence, ayez tous l'idée de vouloir profiter de la vie et des droits que vous y avez : ayez l'idée de vouloir vous émanciper, à présent qu'une lueur de liberté nous apparaît, il faut que nous sachions en profiter pour organiser notre bien-être. Ne les écoutez donc plus ces ex-seigneurs qui pleurent, laissez-les tous complètement de côté, ils n'ont jamais rien su faire par eux-mêmes, que de torturer leurs semblables; il faut que ce soit le pauvre, l'ouvrier, qui leur fasse tout, les nettoie des pieds à la tête, et quand ce pauvre ouvrier a tout fait, s'il ne veut pas se soumettre à tous leurs beaux caprices ils le torturent. Il faut que cette vie cesse, il y a trop longtemps qu'elle dure. Et vous, grands citoyens qui tenez le gouvernail de la République, redoublez d'énergie à déblayer ce ciel qui est encore obscur. Sachez commander avec une autorité juste tous ces nuages obscurs et insalubres, qui sont encore stationnaires sur notre France, sachez les pousser et les faire complètement disparaître de l'horizon, car ils empêchent à tout le monde d'y voir clair.

Vous n'avez qu'à marcher le front haut, droit devant vous, personne n'osera vous arrêter. Quand vous aurez accompli cette belle œuvre, tous les peuples civilisés vous béniront d'avoir eu la force et l'énergie d'avoir abordé ces obstacles et de les avoir vaincus, non par la force brutale, mais sans la moindre secousse ni désordre, avec le plus grand calme et la plus grande sagesse que jamais aucun peuple n'ait montrées. Il n'y a cependant pas un peuple plus vif et emporté que le peuple français, et vous le voyez à l'œuvre quand il s'agit d'agir par le bon sens et la raison. Quand toutes ces raisons seront développées à tous par égalité et à la grande lumière, ce que vous voyez aujourd'hui n'est rien sur ce que vous verrez à cette époque, qui j'espère du fond de mon cœur est très-prochaine.

Le peuple garde et promet pour cette époque bénie, depuis si longtemps attendue, des surprises qui dépasseront tout ce qu'on peut en attendre.

Il faut donc qu'on cultive toutes ces intelligences un peu mieux que par le passé; il faut qu'on apprenne mieux à toute cette jeunesse le maniement de la raison que par le passé; la République veut que tous ses enfants soient des citoyens égaux, c'est-à-dire jouissant des mêmes droits et devoirs, et par conséquent elle ne veut pas, comme la monarchie, que les uns soient les instruments des autres; elle ne veut pas qu'on apprenne le maniement de la raison au riche et le maniement du chassepot au pauvre, car jusqu'à présent, il en a été ainsi. Quand le peuple connaîtra positivement le maximum de la raison, ainsi que tous les peuples civilisés qui nous entourent, vous verrez que tous ces fabricants d'armes meurtrières, soit canons Krupp, soit mitrailleuses, soit armes à feu de toutes sortes, qui ont toujours fait la boucherie du genre humain, vous les verrez tous faire banqueroute, et celle-là je la pleurerai de joie.

Qu'est-ce que c'est que toutes ces guerres qui ont toujours été la boucherie du genre humain? A quoi aboutissent-elles? Quel est le pays qui y a intérêt? A quoi sont-elles utiles? Est-ce que le vainqueur n'est pas toujours vaincu? Si le vainquer est toujours vaincu, qui donc en est l'auteur, d'où proviennent-elles, où est leur succès ?

La plupart proviennent des caprices ou ambitions des monarques; depuis longtemps et encore aujourd'hui, on s'empresse de décorer tous les hommes qui trouvent un procédé nouveau à appliquer à des armes meurtrières, pour détruire le plus possible cette jeunesse ignorante qui se fait massacrer par milliers, pour l'ambition du monarque qui, lui, a bien soin de rester à l'écart.

Comme je vous l'ai dit plus haut, quand un monarque a quelque chose qui lui déplait ou qui le dérange, il n'a qu'à commander, envoyez-moi cette masse d'abrutis à la frontière, les faire égorger par leurs semblables; et tout cela part comme un troupeau qu'on conduit à l'abattoir, musique en tête, sans savoir ce qu'il va défendre, sans aucune explications, marche en avant mon instrument, tu es à mon service, je me servirai de toi comme bon me semblera. Allez, sabrez, voilà le régime monarchique.

Qu'est-ce que l'on peut trouver de plus atroce et de plus barbare? Qu'est-ce qu'il y a de plus inhumain? Qu'est-ce qu'il y a de plus misérable? Je comprendrais faire la guerre à un peuple sauvage qui ne saurait pas utiliser la raison, mais entre peuples civilisés,je ne vois que honte et barbarie, faire massacrer piller, assassiner, toutes les orgies les plus ignobles dans les peuples, voilà le résultat et l'utilité de ces guerres barbares. Et dire qu'à l'heure présente il ne se trouve pas encore dans les peuples civilisés des hommes assez courageux, énergiques et dévoués à l'humanité pour tâcher de trouver un moyen pratique pour éviter ces atrocités.

On voit bien que ce n'est que le pauvre qui est victime, ou du moins pour sa grandde part, on lui fait égorger ses enfants sans explication, pour payer les désastres, on double les impôts et l'argent tombe comme la grêle; c'est si facile, à coups de plume, de faire des lois, on a toujours ces instruments bien aiguisés prêts à bondir sur leurs semblables, au cas où le peuple ne voudrait pas s'y conformer.

Ce ne sont pas ces bons bourgeois qui en souffrent, leurs fils étant exempts de droit, de tout devoir, il leur fallait, à eux, toujours le même taux. Mais toi, pauvre malheureux ouvrier, tu es habitué à la misère, restes-y. Frappons-y dessus, c'est ce qu'on a toujours fait.

Ne croyez-vous pas que si on voulait bien s'en donner la peine, on trouverait un moyen pour éviter ces guerres qui ne font que honte à tous les peuples civilisés? Qu'est-ce qu'il y aurait de plus simple, selon moi, que d'établir une Chambre au milieu des peuples civilisés, que chaque peuple y envoie un nombre déterminé de membres pour y discuter chacun ses intérêts et en décider à la majorité des voix, comme dans toutes les Chambres gouvernementales. Ne croyez-vous pas qu'il serait préférable d'agir ainsi, que de tenir ces masses de jeunes gens casernés, toujours sur le qui vive, en les envoyant secourir leurs pères et mères. Est-ce qu'on ne peut pas discuter ses intérêts sans avoir recours aux armes? Croyez vous que s'ils n'avaient pas ces pauvres instruments toujours prêts à bondir sur leurs semblables, et qu'ils soient eux-mêmes obligés d'aller présenter leurs poitrines aux balles et boulets et prendre les armes, qu'ils ne trouveraient pas un autre moyen ?

Soyez persuadés que si, ils n'en auraient pas pour longtemps ; il n'y aurait pas autant de brevets d'invention pour toutes ces armes horribles, mais comme il n'y a qu'à commander, c'est très facile et pas dangereux, et c'est pour cela qu'ils ne se donnent pas la peine de chercher un autre moyen, il ne s'y trouvera donc jamais une majorité d'hommes assez dévoués à l'humanité pour se consacrer à cette œuvre? Ce ne sera que ce jour-là que nous pourrons dire qu'il y a de vrais hommes sur la terre.

Je sais que la République a pour but d'en arriver là, mais la vraie République, et nous Français, qui sommes sur ce chemin, il faut que nous sachions le suivre jusqu'au bout, tous les peuples ont intérêt à nous suivre et ils nous suivront. Mais pour cela il faut qu'il se trouve de vrais hommes compétents en France, qui se dévouent à cette œuvre sainte, avec la plus grande énergie, mais avec la plus grande sagesse.

Je vois avec un sensible plaisir, ainsi que le peuple entier, que de grands progrès se sont réalisés au point de vue du soldat, et j'ai encore l'espoir que ce progrès augmentera. Car, pour apprendre ce qu'un soldat a besoin de savoir, il n'est pas utile de le tenir sept ans, ni cinq ans, ni même trois ans : en deux ans, vous pouvez lui apprendre tout ce qui lui est utile, et le lui renouveler de temps en temps. Que tout citoyen valide soit soldat, les soutiens de famille exceptés; tous : princes, barons, marquis, curés, capucins, et ainsi de suite ; qu'aucun n'en soit exempt par privilége, — des priviléges, il n'en faut plus, — et que ce ne soit plus une masse d'abrutis qui portent les armes, mais tous de vrais citoyens égaux, et qui agissent avec connaissance de cause. Il faut faire disparaître toutes ces vieilles absurdités troupières, qui n'ont jamais servi qu'à mécaniser la jeunesse et à la transformer. Si jamais il y a utilité, — chose qui n'est à désirer pour personne, et qu'on doit éviter le plus possible, — mais si cependant, à la dernière extrémité, on imposait à la France d'appeler ses enfants aux armes, tous, mais tous, se feraient un devoir d'y accourir avec empressement, et de défendre leur pays jusqu'à la dernière goutte de leur sang.

La République a pour but de ne faire verser le sang de son peuple qu'à la dernière nécessité ; par conséquent, tout citoyen se fera un devoir d'accourir au moment du danger. La République a pour but d'arriver à la paix universelle ; mais avant de réaliser ce grand but, il faut que tous les peuples soient éclairés. J'espère que c'est la France qui est en train de fabriquer ce grand lustre qui doit éclairer l'univers entier, et qui sera béni et adoré de tous les peuples civilisés et de tous les hommes dévoués à l'humanité.

Voilà les réformes que j'expose ici, et dont nous attendons tous la réalisation avec impatience. Je crois avoir exposé les plus grandes misères qui nous accablent ; je les expose telles qu'elles existent.

Je me suis imposé ce devoir, et je m'en acquitte le mieux qu'il m'est possible.

Vous connaissez mes capacités, et vous ne sere pas surpris si tous les mots ne sont pas à leur place.

Ce que je viens ici réclamer en mon nom et au nom de la classe ouvrière entière, c'est le droit légal et la justice légale que nous n'avons jamais possédés. Ce que je viens réclamer, c'est que ces principes soient exécutés le plus tôt possible. Oui, le peuple est souverain et il a le droit de réclamer la sécurité qui lui appartient. Il n'y a que trop longtemps qu'il souffre des exploits de cette race maudite, il est temps qu'il sache accumuler et anéantir pour toujours leurs vils procédés.

Donne un coup d'œil, peuple ouvrier, à cet horizon lointain mais qu'on aperçoit encore, qui est rouge de notre sang innocent que cette classe maudite nous a fait verser pour ses caprices ou viles ambitions.

Regardons tout ce passé sinistre qui est derrière nous, qui nous a causé tant de maux terribles que nous souffrons encore aujourd'hui. Celui-là ne reviendra pas, mais le pareil reviendrait certainement si cette fameuse classe dominait. Mais regardons ceci avec calme, parce que nous n'avons plus les menottes, nous ne sommes plus enchaînés. Mais soyons tous unanimes à regarder ce parti sanguinaire avec horreur, qui est le descendant de ces êtres ambitieux, qui n'étaient contents que quand ils voyaient couler le sang humain; car ils l'ont fait couler dans tous les pays du monde, et vous les voyez encore aujourd'hui qui cherchent à rétablir leurs belles œuvres en détresse, avec, soi-disant, l'aide de Dieu et la Sainte Vierge.

Regardons tous ceci avec horreur, ayons tous horreur du sang humain, pour qu'à l'avenir il ne coule plus. Non, il faut ensevelir pour toujours ces procédés ignobles ; et quand nos représentants auron réalisé les réformes que j'indique ici, nous verron apparaître un monde nouveau et par la fraternit nous formerons ce faisceau unis mais terribles, et c'est alors que nous pourrons changer cette force brutale par la force morale qui vient de la raison.

Voilà mon seul but et ma seule ambition.

Imp. — Robert & Dubl.

www.ingramcontent.com/pod-product-compliance
Ingram Content Group UK Ltd.
Pitfield, Milton Keynes, MK11 3LW, UK
UKHW020414230726
13925UKWH00004B/1422

9 782014 049732